Schirner Verlag

Anne-Mareike Schultz
mit Bildern von Petra Arndt

AVALON

Spüre das Licht der Kelten in dir

Begleitbuch zu den 50 Karten

Schirner Verlag

Wir verzichten auf das Einschweißen unserer Kartensets – **UNSERER UMWELT ZULIEBE!**

ISBN 978-3-8434-9094-8

Anne-Mareike Schultz & Petra Arndt
Avalon
Spüre das Licht der Kelten in dir
50 Karten mit Begleitbuch

3. Auflage Mai 2021

Schachtel: Murat Karaçay, Schirner, unter Verwendung von Bildern von Petra Arndt sowie #159341144 (©Szocs Jano), #159513527 (©Infografx), www.shutterstock.com
Illustrationen: Petra Arndt
Layout der Karten und des Begleitbuchs: Silja Bernspitz, Schirner, unter Verwendung von Bildern von Petra Arndt und #37651945 (©Ajay Shrivastava), www.shutterstock.com
Lektorat: Kerstin Noack, Schirner

Printed and bound by: Ren Medien GmbH, Germany

www.schirner.com

Inhalt

Widmung

»Möge der Ruf Avalons
die Melodie unserer Seele berühren.«

Ich widme dieses Kartenset Avalon, den Priesterinnen, den Druiden, den Göttern und Göttinnen und den Kelten sowie all den Menschen, die den Ruf Avalons in sich hören und das Licht der Kelten in sich spüren.

Aber vor allem möchte ich meiner Zwillingsschwester Wibke-Martina dieses Werk widmen!

Danke an jeden, der das Wissen dieser Zeit bis heute bewahrt hat.

Vorwort

Die Legende besagt, dass die Nebel um Avalon vor vielen Hunderten von Jahren immer dichter wurden und die Insel immer mehr verblich, bis sie irgendwann ganz in die Lichtwelt und höhere Dimensionen übergegangen war und hinter den Nebelschleiern verschwand. Trotzdem ist sie für jeden von uns bis heute greifbar nahe. Auch die Mythen, Legenden und Sagen der Kelten, die mit ihren beeindruckenden Kämpfen schon lange ein Teil unserer Geschichtsbücher sind, bestehen für uns noch immer fort. Denn die Sehnsucht, der Zauber und die Liebe verblassten nie, und bis heute schlagen die Herzen für Avalon und diese Zeit.

Indem wir uns mit der Heiligen Insel in unserem Herzen verbinden, können wir durch die Schleier treten und mit den Göttinnen, Göttern und Priesterinnen in Avalon wandeln. Es ist magisch, dass das Wissen über die Heilige Insel und ihre geschichtsträchtigen Figuren bis heute bewahrt wurde und noch immer so aktuell und anwendbar ist wie vor vielen Hunderten von Jahren. Obwohl wir in einer Welt leben, die von christlichen Werten geprägt ist, können wir die Göttinnen und Götter, aber auch Artus, Morgaine, Merlin, Uther und Igraine sowie die Tiere als Verbündete, Freunde und Helfer für uns nutzen. Ihr

Geist ist bis heute in uns lebendig, und sie möchten uns strahlend zur Seite stehen. Sie verlangen nichts dafür. Wir müssen uns keinem neuen bzw. alten Glauben zuwenden. Sie möchten uns in unserem Sein unterstützen und uns helfen, unseren Weg zu finden. Indem wir ihre Geschichten wahrnehmen, ihre Qualitäten wertschätzen und unser eigenes Licht mit ihnen verbinden, können wir in einer liebevollen und beschützenden Art und Weise von ihnen lernen. Sie helfen uns, innezuhalten, Angelegenheiten zu überdenken und uns neu auszurichten.

Viele der Legenden lassen auch mich jeden Tag etwas Neues über mich und diese Welt lernen. Avalon berührte mich schon als Teenager. Als 13- oder 14-Jährige las ich »Die Nebel von Avalon«. Es war eines der ersten Bücher, das mich mit meinen Träumen verband. Für mich war es wie eine Musik, die ich schon lange in mir gehört hatte und nun endlich verstand. Von hier an ließ mich der Gedanke an Avalon nicht mehr los, ich wollte mehr wissen und erfahren. Dieser Durst erschloss mir ein neues Feld, das mir zuvor nie viel Freude gemacht hatte, nämlich Geschichte. Für mich war dieses Fach schon in der Schule eines der langweiligsten Fächer überhaupt. Jedoch erschien es mir damals schlüssig, dass ich, wenn ich etwas über die Welt Avalons lernen wollte, auch die damalige Zeit unter die Lupe nehmen musste. Schließlich erkannte ich die unglaubliche Tragweite der keltischen Kultur und Geschichte. Das Reisefieber packte meine Familie und mich regelmäßig, so wurde ich schon als Kind immer wieder auf die Spuren der Kelten geführt. Heute trage ich meine Erinnerungen, Träume, Visionen, aber auch die Legenden dieser Orte als Schatz in meinem Herzen, der mich mit jedem meiner Atemzüge nach Avalon bringen könnte.

Avalon existiert bis heute in vielen Herzen, und diese Karten sollen jeden von uns daran erinnern, dass das Wissen nie verschwand, sondern greifbar vor uns liegt. Die Göttinnen, Götter, Personen, Tiere, Plätze und Gegenstände sind nur ein kleiner Teil dieses magisch schönen Ortes Avalon und doch ein unendlicher Schatz, denn jede einzelne Karte trägt Kraft, Weisheit und Licht in sich. Avalon besteht aus so vielen kleinen und großen Teilen, die ich einzufangen versucht habe, und doch sind die Facetten dieses Themas zahlreich, und ein jeder darf seine eigene entdecken. Mögen die Karten für dich eine Reise zu dir selbst, aber auch nach Avalon sein. Mögen wir die Schleier Avalons lüften, den Zauber und die Wunder, die in allem liegen, wahrnehmen und dem Rhythmus der Natur lauschen.

Deine Anne-Mareike

Die Anwendung der Karten

Dieses Kartenset eignet sich für jeden, der Avalon, die Kelten, die Göttinnen und Götter, Geschichten, aber auch Mythen, Legenden und Sagen liebt. Es ist für Jung und Alt gleichermaßen geeignet und bringt jeden in Kontakt mit Avalon.

Dieses Kartenset wird dir in jeder erdenklichen Lebenssituation als Begleiter und Ratgeber zur Seite stehen, die Karten dienen dir dabei als Impulsverstärker oder Wegweiser.

Du kannst und darfst die Karten alleine, aber auch in Gemeinschaft ziehen und legen, wenn du dies möchtest. Erschaffe dir Momente des Zusammenkommens, des Austausches und der Freude – mit deiner Familie oder Freunden. Du kannst sie auch zur Unterstützung für andere legen.

Avalon ist ein Ort der Gemeinschaft, er symbolisiert Zusammengehörigkeit. Vielleicht inspiriert dich das Kartenset dazu, es zusammen mit anderen Kartensets zu benutzen oder deren Legemethoden zu verwenden. Du bist vollkommen frei, alles miteinander zu verbinden und so zu verwenden, wie du es bevorzugst.

Alle Energien, Wesen und Lichtwesen, die du mit diesem Kartenset anrufst, sind aufbauende, bejahende, lichtvolle und unterstützende Kräfte. Du darfst ihnen und ihren Berührungen, Worten und Visionen vertrauen, denn lichtvolle Impulse können uns im Alltag auf neue Wege führen.

Folge den Impulsen, die du erhältst!

Begrüßung

Nimm das Kartenset in die Hand, und begrüße deine Karten – mit einem Wispern, einer sanften Berührung oder einer kraftvollen Anrede wie »Seid herzlich willkommen bei mir«. Begrüße sie so, wie du es in deinem Herzen fühlst. Lasse dich auf dem Pfad Avalons führen. Du kannst dir auch jede Karte einzeln anschauen, um mit den Göttinnen, Göttern, Priesterinnen, Druiden, Rittern und Tieren Avalons, ihren Nachrichten und zauberhaften Energien in Kontakt zu treten. Durchstöbere die Karten nach der, die dich in diesem Moment am besten beschreibt, und mache dir deine Verbindung zu Avalon ganz bewusst.

Mischen und Fragen stellen

Du kannst den Karten nun eine Frage stellen. Mische die Karten dafür einmal gut durch, bis es sich für dich richtig anfühlt. Denke an deine Frage, und lasse deine Energie über deine Hände in die Karten fließen. Formuliere deine Frage in deinen Gedanken, lasse dich ganz in deine Mitte fallen, erlaube deiner eigenen Weisheit, dir über die Karten eine Antwort zu geben, und lasse dich zu der Karte oder den Karten führen, die dir diese übermitteln. Je genauer und expliziter du die Frage formulierst, desto eindeutiger kann die Antwort sein.

Breite die Karten nach dem Mischen zu einem Fächer oder einem langen Streifen vor dir aus, die Vorderseite bleibt verdeckt. Bitte Avalon darum, dir die Kartenanzahl mitzuteilen, die du ziehen sollst. Folge deiner Intuition. Ziehe anschließend die Karte oder die Karten, die dich magisch anziehen, die deine Aufmerksamkeit erregen, die beim Mischen herausgefallen sind oder die in dir eine Melodie anschlagen, die dir schon lange vertraut ist. Du kannst aber auch einfach eine Karte als Impuls für den Moment, den Tag, den Monat oder eine bestimmte Situation ziehen. Falls du Fahrigkeit, Ungeduld oder Verunsicherung in dir spürst, atme bewusst ein und aus. Schaue, wo du dich in deinem Körper spürst, und versuche, dich zu zentrieren. Du kannst deine innere Priesterin oder deinen inneren Priester um Unterstützung bitten, dich in deine Mitte fallen zu lassen und einen Impuls zu bekommen.

Legemethoden

Du kannst bei diesem Kartenset alle Legemethoden anwenden, die dich anziehen und die dir ein gutes Gefühl geben. Du kannst die Karten aber auch vollkommen frei und intuitiv benutzen. Lasse dich leiten, inspirieren, und probiere alles aus.

Tipp: Schreibe alle Botschaften auf, die du über die Karten bekommst, damit du immer wieder nachsehen kannst, was die vergangenen Legungen dir gezeigt haben.

- Du kannst eine Tages-, Wochen-, Situations-, Impuls-, Geburtstags- oder Jahreskarte ziehen. Diese Karte kann dich für die gewünschte Zeitspanne begleiten und dir eine bestimmte Ausrichtung im Leben geben.

- Du kannst drei Karten ziehen – für die Vergangenheit, die Gegenwart und die Zukunft. Diese drei können aber auch deine Woche begleiten, dafür ziehst du eine Karte für den Anfang der Woche, eine für die Mitte und eine für das Ende der Woche. Genauso kannst du auch bei einer Jahreslegung verfahren, indem du drei Karten für das Jahr ziehst. Für eine Neujahrskartenlegung ziehe hingegen 12 Karten – für jeden Monat eine. Lasse dich überraschen, welche Botschaften die Karten dir übermitteln möchten: Was hält dein neues Lebens- oder Kalenderjahr für dich bereit?

- Du kannst eine oder mehrere Karten ziehen, um mit deiner inneren Priesterin oder deinem inneren Priester in Kontakt zu treten. So erhältst du wichtige Impulse und erfährst, auf was dich deine innere Verbindung zu Avalon aufmerksam machen möchte und wohin du schauen darfst.

- Du kannst auch zusammen mit Kindern Karten ziehen. Die Kartentexte sind zwar in erster Linie für Erwachsene geschrieben, sie eignen sich aber auch für Kinder. Nur solltest du hier frei und offen sein, was die Auslegung der Karten angeht. Wenn du möchtest, kannst du das jeweilige Kind auch einfach nur das Bild betrachten und es anschließend interpretieren lassen, was es sieht, wahrnimmt und erlebt. Zumeist liegen Kinder mit ihrer Beobachtung mehr als richtig. Eine weitere Möglichkeit wäre, die Karten mit deinen Worten zu beschreiben, damit ihr alle ein Verständnis für die Schwingung bekommt.

- Du kannst auch drei Karten für deine gegenwärtige Situation ziehen. In diesem Fall wird dir die erste Karte die Ursache für deine schwierige Situation zeigen, die zweite Karte verweist auf die gegenwärtige Situation an sich und die dritte zeigt dir die Lösung für das Problem und die notwendige Veränderung.

- Du kannst die Karten auch für eine Heilkreislegung benutzen: Stelle in die Mitte des Heilkreises eine brennende Kerze, ein Bild des Projekts, das du angehen, oder der Person, die du gern unterstützen möchtest, oder schreibe ihren Namen auf ein Blatt Papier, und lege es in den Kreis. Wenn du möchtest, schmücke den Kreis mit Edelsteinen, Kräutern, Blumen oder Federn, und sprich ein persönliches Dankgebet für Unterstützung und Heilung. Du kannst deinen Heilkreis für ganz individuelle Anliegen anwenden.

Karten auf allen Ebenen lesen

Lasse die Karten in ihrer Ganzheit auf dich wirken. Welche Assoziationen kommen dir dabei in den Sinn? Lasse dir Zeit! Die Kartenbilder und Texte helfen dir, die Antworten zu verstehen, und können dir weitere Impulse geben. Nimm wahr, welche Gefühle und Gedanken die einzelnen Karten in dir auslösen, wenn du sie betrachtest. Lasse dich von deiner Intuition leiten. Vielleicht spürst du ein wohliges Gefühl tief in dir drin oder du bekommst eine Gänsehaut, ohne dass du den Text überhaupt gelesen hast.

Auf den Karten selbst findest du eine kurze Botschaft. Lies sie dir in Ruhe durch, und lasse sie erst einmal auf dich wirken. Unter Umständen reicht das für dich und deine Situation schon aus. Du kannst aber auch dieses Büchlein zur Hand nehmen und die weiteren Bedeutungen nachlesen. Wenn du den Impuls hast, dann meditiere über die Karte, über das Bild und die entsprechende Botschaft, um noch weitere Informationen zu bekommen und dich intensiv mit Avalon zu verbinden.

Wenn du magst, stelle die Karte auf deinen Hausaltar, neben eine Kerze oder an einen schönen Ort, an dem du sie sehen und mit ihr für den gewünschten Zeitraum arbeiten kannst. Nimm anschließend mögliche Zeichen in deiner Außenwelt wahr. Dies können Hinweise in der Natur sein, aber auch etwas, was in einer Sendung im Fernsehen gesagt wird, auf einem Autoaufkleber steht oder auf andere Weise deine Aufmerksamkeit auf sich zieht. Diese Zeichen können dich dabei unterstützen, die Botschaften der Karten multidimensional zu erfassen und zu verstehen. Lasse dich von Avalon leiten. Spiele, und probiere dich aus, dir stehen alle Möglichkeiten offen.

Tipp: Ich persönlich habe aus meinem Deck »Avalons Vermächtnis« mir persönlich wichtige Karten mit den Karten dieses Sets gemischt, um nicht nur die Sagen, Mythen, Götter und Göttinnen darin zu haben, sondern noch weitere Lichtwesen und deren Nachrichten. Sei bitte nicht verunsichert, wenn sich die Nachrichten eines Wesens wie zum Beispiel Lancelot in den zwei Decks unterscheiden. Sie sind nicht eindimensional, und jede einzelne Karte ist facettenreich. Ich habe versucht, die wichtigste Bedeutung einzufangen und mich nicht zu wiederholen.

Aufbewahrung der Karten

Deine Karten sind energetisch mit dir und der Geistigen Welt verbunden. Behandle sie bitte mit Liebe, und bewahre sie an einem besonders schönen Ort auf.

Ich wünsche dir ganz viel Freude im Umgang mit deinen Avalon-Karten und sende dir für alle Anwendungen unendlich viel Segen.

Deine Anne-Mareike Schultz

Die Bedeutung der Karten

Apfel

Du trägst das magische Licht Avalons in dir!

Botschaft: Der weiche, sinnliche Duft der Äpfel umhüllt dich, er zeigt dir den Weg zu dir selbst und lässt dein einzigartiges magisches Licht noch heller leuchten. Der Apfel erinnert dich daran, dass du von innen nach außen leuchten, strahlen und funkeln kannst. Lehne dich an den Stamm des Apfelbaums, und erlebe, wie du dich mühelos mit Himmel und Erde verbinden kannst und gleichzeitig ganz bei dir bist. Spüre die Wurzeln, die dich mit Mutter Erde und Avalon verbinden und die obersten Äste, durch die du die höheren Dimensionen und die Lichtwelt berührst. Erlebe, wie dich diese Vorstellung leuchten lässt und du dich aufgehoben, gehalten, stabil und geborgen fühlst. Mit deinem magischen inneren Licht meisterst du ganz gelassen und entspannt alle Aufgaben und Herausforderungen. Zudem darfst du dir die Zeit nehmen, hier in Avalon immer wieder deine Kraftreserven aufzuladen, damit du aus dir heraus Neues erschaffen kannst. Das Rauschen der Apfelbaumblätter schenkt dir die Gewissheit, dass du vollkommen und einzigartig bist und alles in dir trägst, was du brauchst. Lasse dein inneres Licht erstrahlen und dich in die magischen Kräfte Avalons einweihen. Du darfst all dieses Wissen nutzen, um deine eigene Magie zu erwecken.

Du bist ein göttliches magisches Licht, mache dir dies immer wieder bewusst.

Info: Avalon ist ein heiliger Ort, an dem die Äpfel gehütet werden. Hier werden wir mit der Kraft der Weisheit und des Lichts beschenkt. Avalon wird auch »die Apfelinsel« genannt, denn es ist sprachlich eng verwandt mit der indogermanischen Wortwurzel für Apfel, aber die Insel ist auch von vielen Apfelbäumen gesäumt. Avalon ist magisch und hat eine enge Verbindung zur Lichtwelt sowie zu den höheren Dimensionen, der Apfel wird auch als Eintrittstor nach Avalon angesehen. Der Apfelbaum und der Apfel tauchen immer wieder in den verschiedensten Mythen und Ritualen auf. Der Apfelbaum wurde als erster Baum von den Kelten und Germanen kultiviert. Er gilt als Lebens- und Geburtenbaum, aber auch als Wunschbaum, an den man seine Wünsche mit bunten Bändern knüpfen oder diese an seinen Wurzeln vergraben kann. Der Apfel ist ein Symbol für Leben, Unsterblichkeit, Liebe und Fruchtbarkeit. Die Apfelblüte besteht aus fünf Blütenblättern, und wird ein Apfel horizontal aufgeschnitten, dann zeigt sein Fruchtgehäuse einen fünfzackigen Stern, ein Pentagramm. Der Apfel steht für eine ureigene Magie und einen Zauber. Die Kerne des Apfels stehen für das eigene Potenzial, für Fähigkeiten und Talente.

Arianrhod

Lenke die Fäden deines Schicksals selbst!

Botschaft: Arianrhod möchte dir eine erfreuliche Wende ankündigen. Auch wenn sich das Leben manchmal schwer und traurig anfühlt, versichert sie dir, dass sich auch wieder leichte und fröhliche Momente am Firmament zeigen. Du darfst darauf vertrauen, dass das Unmögliche möglich wird. Lasse alle Gedanken, Erinnerungen und Gefühle los, die dir nicht mehr dienen, und erinnere dich an dein inneres strahlendes Licht. Tritt ans Schicksalsrad der Göttin, und mache dir bewusst, dass du alles lenken kannst. Dein Schicksal erwächst aus deinem Inneren, du hast die Fäden für das kommende Muster in deinen Händen. Dies ist ein magischer Moment, erlaube dir selbst, dich zum höchsten Wohle aller auszurichten. Du hast alle Unterstützung, die du brauchst, um die Fäden so zu weben, wie du es dir erträumst. Erkenne, welche wundervollen Schritte du schon getan hast, weil du dich für die Veränderung geöffnet hast und du dir jetzt bewusst machst, was du wirklich erreichen möchtest. Es ist magisch, zu visualisieren, was man wirklich möchte – wie es sich anfühlen soll, wie es schmecken könnte und wie es sich anhören würde. Sei stolz und dankbar für deinen Mut. In dieser Schwingung kannst du dem Rad des Schicksals deine gewünschte Richtung geben. Die Göttin spricht: »Erinnere dich immer daran: Wenn du träumst, dann ist dies ein magischer Augenblick, in dem du dich zwischen den Welten befindest. Du kannst jederzeit in meinen Turm eintreten, um deinen Gedanken freien Lauf zu lassen, Visionen zu formen und zu manifestieren.«

Info: Arianrhod ist die Göttin der Luft, des Mondes, der Dämmerung und des Schicksals. Wie in vielen Göttergeschichten wird auch in ihrer von zahlreichen Abenteuern berichtet. Sie ist Herrscherin des Turms, der zwischen unserer Welt und der Lichtwelt steht. In ihm kann man die Weisheit der Sterne, der Navigation und der Gezeiten erlernen. Arianrhod besitzt große magische Zauberkräfte. Ihr Name bedeutet übersetzt Silbernes Rad. Der Legende nach ist das Sternbild Corona Borealis ihre Krone, zudem soll hinter diesem Sternbild ihr Turm verborgen sein. Arianrhod knüpft ein netzähnliches Rad aus dem silbernen Lebensfaden des Schicksals und erschafft so ein Muster, das alles zusammenhält und in dem das Geheimnis des Lebens verborgen ist. Ihr Wissen flüstert sie uns über ihren Atem ein, und sie unterstützt uns, wenn wir Kraft, Beistand und Rückendeckung brauchen, um unsere Wünsche in die Wirklichkeit treten zu lassen. Der Sage nach unterstützt die Göttin Arianrhod Menschen bei ihren Anliegen. Bei bedeutenden Schritten im Leben kann sie uns Kraft, Mut und Zuversicht schenken.

Artus

Zuversicht und Mut begleiten dich fortan!

Botschaft: König Artus tritt aus den Nebeln zu dir und schenkt dir sein Vertrauen und seine Kraft. Spüre, wie dein innerer Funken strahlt, und jegliche Scham, Unsicherheit und alle Selbstvorwürfe mit jedem deiner Atemzüge kleiner werden und kaum noch fühlbar sind. Miss deinen Wert nicht an äußeren Umständen und Personen, sondern wisse, dass du es selbst bist, der dir das Gefühl von Wertschätzung gibt. Du darfst in allen Lebenslagen mutig und zuversichtlich sein und kannst so alles erreichen, was du dir wünschst und erträumst. Artus schreitet neben dir auf deinem Seelenpfad. Du spürst, dass mit jedem deiner Schritte, die du mit ihm gehst, Vertrauen in dir verankert wird und du dich stark und würdig fühlst. Für dein inneres spirituelles Wachstum ist es vonnöten, dass du dein Selbstvertrauen stärkst und deine Selbstsicherheit einfühlsam lebst. Du darfst Vertrauen und Mut ausstrahlen, denn du hast das Recht, dich so zu fühlen. Es liegt alles in dir, was du brauchst, um deine Ziele zu erreichen. Höre auf zu zweifeln, und mache dich nicht klein. Wenn Artus in dein Leben tritt, ist es an der Zeit, sich bewusst zu machen, dass auch ein Misserfolg das Selbstbewusstsein stärken kann, denn aus dieser Erfahrung lernst du, stellst du dich neu auf und kannst deine Energie vertrauensvoll in etwas Neues investieren. Du darfst auch den Mut haben, Nein zu sagen.

Info: König Artus ist eine der berühmtesten Figuren der keltischen Mythologie, die bis heute auf der ganzen Welt bekannt ist und immer wieder zum Träumen anregt. Er war der Sohn von Uther Pendragon und Igraine, seine Halbschwester war Morgaine, mit der er eine bedingungslose Liebe teilte. Er war der Auserwählte der Kelten, der Britannien wieder zu Frieden, Wachstum und Fülle verholfen hat. Merlin war sein Lehrer, Freund, Berater und Begleiter, und die Ritter der Tafelrunde waren seine Weggefährten und mit ihm auf Augenhöhe. Die Hohepriesterin Avalons schenkte Artus das Schwert Excalibur, nachdem sein Schwert Caliburn im Kampf zerbrach. Excalibur machte ihn unbesiegbar, und die Scheide, die das Schwert hielt, unverwundbar. Ein Volk in den Frieden zu führen, ist oft leichter, als es im Frieden zu halten. Doch dies ist Artus gelungen und zeigt, welch großer Führer und Stratege er war. Seine Ehefrau Guinevere führte ihn zum neuen christlichen Glauben. In seiner letzten Schlacht gegen Mordred wurde Artus schwer verwundet und von Morgaine auf die Heilige Insel gebracht. Laut Legende wartet er hier bis heute auf den Moment, in dem wir sein Vertrauen, seine Kraft und seinen Mut wieder brauchen.

Avalon

Ein Ruf deiner Seelenheimat!

Botschaft: Das Rauschen der Wellen, das Tosen des Windes, das Leuchten der Sterne, der Zauber der Insel und der tiefe Frieden dieses heiligen Ortes sind wie Magie und zum Greifen nahe. Es gibt immer eine Zeit, in der wir neugierig die Ferne erkunden, jedoch gibt es auch Momente, in denen es Zeit ist, in sich nach Hause zu kommen. Ein Zuhause ist nicht immer ein ganz bestimmter Ort, auf den wir auf der Landkarte unseren Finger legen können, sondern kann auch ein bestimmtes Gefühl in dir sein, das sich vielleicht am besten dadurch beschreiben lässt, dass du mit deinem wahren Selbst im Einklang schwingst, wenn du dich in deiner Vorstellung mit ihm verbindest. Ein Ort, an dem du ein überwältigend schönes Gefühl erlebst und dir gleichzeitig die Knie vor Freude zittern. Du trägst dieses Gefühl als Sehnsucht in dir. Avalon möchte in dir das Gefühl wecken, dass dein ganzes Sein und deine Seele aufatmen dürfen. Ein neuer geschützter und gleichermaßen altbekannter Pfad zeigt sich dir. Das Tor nach Avalon steht für dich bereit, habe keine Angst, es zu durchschreiten und dich für die kommende Veränderung zu öffnen. Avalon ist mit dir und deinem inneren Funken verbunden, du darfst seine sprudelnde, wilde und lebensbejahende Energie für deine kommenden Unternehmungen nutzen. Avalon berührt sanft dein Sein, diese Verbindung hilft dir bei der Kommunikation mit Avalon, mit dir selbst und den höheren Dimensionen. Dir stehen alle Wege offen, solange du dir deiner Fähigkeiten ganz bewusst bist und deinen inneren Funken strahlen lässt. Willkommen zu Hause!

Info: Avalon war eine heilige Insel im alten Britannien, auf der einst Priesterinnen lebten und lehrten. Es war ein Ort des Studierens, der Rituale, magischer Energie, der Einweihung in die Elemente, der Verbundenheit und Hüter der Heiligen Insignien. Hier wurde die Große Göttin geehrt sowie die göttliche Kraft und der Funke, der in allen Dingen glüht. Nur Eingeweihte konnten die Nebelschleier zu diesem heiligen Ort lüften und an die Ufer Avalons treten. Mit der Zeit wurden die Nebel um Avalon immer dichter, und die Insel verblich immer mehr in der Erinnerung der Menschen. Jedoch weilt sie bis heute hinter den Nebeln und wartet darauf, dass die Menschen dem Ruf ihrer Seele folgen und somit die Nebel wieder lichter werden lassen. Die Sehnsucht nach diesem Ort ist bis heute spürbar, denn Avalon hat jeden von uns zu irgendeiner Zeit, in einem bestimmten Moment berührt. Glastonbury in Südengland ist der Ort, von dem man annimmt, dass einst Avalon an dieser Stelle existiert hat.

Avalons Engel

Sei du selbst!

Botschaft: Der Engel Avalons berührt dich sanft mit seinen Flügeln und erinnert dich daran, dass du die größte Kraft daraus schöpfen kannst, einfach so zu sein, wie du wirklich bist. Sei in dem, was du tust, echt und ehrlich. Du bist hier, um zu entdecken, wer du bist. Bist du immer authentisch oder spielst du eine Rolle? Was hindert dich daran, du selbst zu sein? Du bist immer mit dem Engel verbunden. Zeige dein wahres Sein, der Engel schenkt dir den Mut, die Kraft und das Vertrauen, dich so pur und ungestellt wie möglich zu zeigen. Er bittet dich, dem Drang zu widerstehen, dich in ein falsches Licht zu rücken oder dich anders darzustellen, als du bist. Es ist kraftraubend, immer eine Rolle zu spielen. Es macht dich stärker, dich selbst zu erkennen und ganz du selbst zu sein. Indem du alle Rollen abstreifst, die du nicht benötigst, kann dein Funke hell und rein sprühen. So kommst du in deine ureigene Kraft und kannst deinen eigenen Weg gehen. Wie soll dich jemand annehmen, wie du bist, wenn du dich selbst nicht annimmst? Wenn du dich selbst versteckst? Mache dich nicht vom Außen, davon, wie du womöglich ankommst oder was von dir erwartet wird, abhängig, denn dann spielst du nur eine weitere Rolle. Wenn *du* dich nicht akzeptierst, dann kann dies auch kein anderer. Mit dem Engel an deiner Seite kannst du dein wahres Sein zeigen und wirst du jede Hürde mühelos meistern. Er fliegt in dein Leben, um dich daran zu erinnern, dass du so viel mehr bist, als du jetzt in diesem Augenblick denkst.

Info: Engel gab es schon immer in den verschiedensten Kulturen, Religionen und Weltanschauungen. Auch in Avalon trafen sich diese Lichtwesen mit den Menschen, um sich auszutauschen und voneinander zu lernen. Merlin soll die Geburt eines Engels vorausgesagt haben, der das Land in Frieden, Einklang und Fülle führen sollte. Um diesen Engel zu erkennen, verankerte er ein Schwert in einem Stein, das nur der Vorausgesagte befreien und sein Eigen nennen konnte. Artus war es, der das Schwert aus dem Stein zog. Auch in der Gralsgeschichte tauchen Engel auf: Während die Tafelrunde tagte, sollen alle Mitglieder ein gleißendes Licht gesehen haben, in dem Galahad Engel erkannte, die den Heiligen Gral trugen. Daraufhin beschlossen die Ritter, den Gral zu suchen. Die Engel Avalons erinnern uns daran, dass wir den alten Weg mit dem neuen verbinden können, ohne uns selbst zu verlieren.

Barde

Lausche der Melodie deines Herzens. Sie weist dir deinen Weg!

Botschaft: Lasse dich von den zauberhaften Klängen des Barden berühren, sie bringen dein Herz und deine Seele zum Schwingen. Der Barde fordert dich auf, innezuhalten und dieser Melodie zu lauschen. Sie hilft dir, dich zu verstehen und dich selbst in ihr zu finden. In ihr bist du zu Hause und kannst dich von allem Überholten befreien. Spüre, wie dich die Melodie des Barden berührt, wie du durch sie alte Muster und Glaubenssätze auflösen und so dein Leben ungezwungen lenken kannst. Seine Melodie trägt dich auf einer Welle der unbegrenzten Liebe. Vielleicht hörst du in dir schon lange eine Melodie, die du immer wieder summst, die dir das Gefühl schenkt, im Einklang zu schwingen, und dir einen Pfad zu dir selbst, aber auch nach Avalon öffnet. Durch diese Melodie können sich auf wundersame Weise die schönsten Wege für dich öffnen, denn Musik ist eine Form der Kommunikation mit Avalon und mit dir selbst. Hinter deinem Lieblingslied könnte die Antwort, die du suchst, schon lange auf dich warten. Die Botschaft könnte in einem Text verborgen sein oder auch in den Erinnerungen, die beim Hören in dir aufsteigen. Welches Lied, welche Melodie lässt in diesem Moment deiner Seele und deinem Herzen Flügel wachsen? Lasse dich von den Klängen und Worten berühren.

Info: Ein Barde ist ein Dichter, Sänger, Komponist und Musiker des keltischen Kulturkreises. Barden waren gern gesehene Gäste in Avalon sowie an den Königshöfen. Sie waren vor allem Solisten, die ihre Lieder mit einem Saiteninstrument begleiteten. Sie besangen Abenteuer sowie Heldentaten von Kriegern, Priesterinnen, Druiden und Gottheiten und wurden so zu Geschichtenerzählern. Einer der bekanntesten und begabtesten Barden war Taliesin. Er war ein treuer Gefolgsmann von König Artus. Als Jüngling hieß er noch Gwion Bach und war Gehilfe der Göttin Cerridwen. Durch ein Versehen spritzten drei Tropfen eines Zaubertrankes aus ihrem Kessel auf seine Hand. Als er diese ableckte, wurde ihm die Fähigkeit des Gestaltwandelns verliehen. Da der Trank eigentlich für jemand anderen bestimmt war, verfolgte ihn die Göttin erbost. Auf seiner Flucht verwandelten sich beide immer wieder in die verschiedensten heiligen keltischen Tiere, bis sich Cerridwen in ein Huhn und Gwion Bach in ein Weizenkorn verwandelte, das die Göttin dann verschluckte. So wuchs nun Gwion als Kind in ihr heran, und sie gebar ihn als den talentiertesten, berühmtesten und schönsten Barden aller Zeiten, als Taliesin, wieder.

Boann

Das Wasser der heiligen Quelle reinigt dich!

Botschaft: Die Göttin Boann wartet an der heiligen Quelle im Garten Chalice Well auf dich. Tagtäglich nimmst du vieles auf und speicherst, was du später nicht mehr benötigst. All dies möchte jetzt gereinigt und geklärt werden. Boann sendet dir die Energie der heiligen Quelle, um dich zu entschlacken, zu harmonisieren und zu erfrischen. Lasse diese Energie deinen ganzen Körper auf allen Ebenen berühren, und erlebe, wie du aufatmen kannst. Boann fragt dich: »Was kannst du in deinem Leben loslassen? Was darf jetzt gehen? Was kannst du ausmisten? Welche Pläne, Emotionen und Ideen dürfen überdacht und gereinigt werden?« Lasse deine Gedanken nicht mehr um Sorgen, Vorurteile und schlimme Szenarien kreisen, sondern nutze die klärende Energie, um alles Negative und Schwere aus dir weichen zu lassen. Boann lässt die Energie der Reinigung und Transformation in jede Lebenslage hineinfließen, die sie jetzt in diesem Augenblick braucht. Nutze die Kraft der Transformation, um das anzunehmen, was dein Sein ausmacht. Es ist Zeit, dich zu entlasten und dein ganzes Sein und deinen Energiehaushalt neu aufzuladen. Öffne dich für das wohltuende Gefühl, alles abfließen zu lassen, was nicht mehr zu dir gehört. Boann möchte dich dabei unterstützen, sie hilft dir, dich zu sortieren und die Ordnung in dir wiederherzustellen. Sie möchte dich daran erinnern, Altes loszulassen, damit neue Energie in dein Leben fließen kann.

Info: Die Göttin Boann ist eine Wasser- und Flussgöttin und kann in allen Gewässern wahrgenommen und erkannt werden. Sie steht für die Aspekte Reinigung, Fruchtbarkeit, Wohlstand und den Fluss des Lebens. Sie hütet die Gewässer in vielerlei Gestalt. Wenn wir sie jedoch in einer Vollmondnacht treffen und sie unser wahres Sein erkennt, dann nehmen wir sie als Göttin wahr. Sie klärt unsere Sicht und eröffnet uns neue Wege und Möglichkeiten, die schon lange in uns verborgen lagen. Die Quelle in Glastonbury im Garten Chalice Well wird als heilig und heilend bezeichnet. Ihr Wasser ist immer leicht kühl, schmeckt nach Eisen und hat eine reinigende Wirkung auf unser ganzes System. Der Deckel der Quelle ist mit dem keltischen Zeichen Vesica Piscis versehen. Dieses Zeichen repräsentiert durch zwei ineinandergreifende Kreise die Verbindung von Himmel und Erde, Geist und Materie, Bewusstem und Unbewusstem sowie Männlichem und Weiblichem. Es trägt die Vision von Einheit und liebevoller Sorge für die Erde mit all ihren Lebensformen in sich.

Brigid

Mögest du deinen Aufstieg funkeln sehen!

Botschaft: Die Göttin Brigid löst die Nebel auf. Sie schenkt dir Hoffnung und Vertrauen, indem sie deinen inneren Funken mit ihrer zauberhaften Energie berührt. Sie lässt mit ihrer Berührung den Nebel in dir weichen. Du bereitest dich jetzt auf einen neuen Abschnitt in deinem Leben vor, durch den du dich auf allen Ebenen weiterentwickelst. Die Unterstützung durch die Göttin Brigid ist dir gewiss. Ihr inneres Feuer verleiht auch dir Flügel. Eine Zeit des Wachstums deiner lichtvollen Fähigkeiten liegt vor dir. Spüre, wie Brigid dich auf deinem Pfad führt. Lasse dich in Zeiten, in denen du dich auf allen Ebenen müde und ausgebrannt fühlst, vom inneren Feuer der Göttin Brigid nähren, um neue Kraft zu tanken. Nimm dich selbst stärker wahr, und überdenke deine nächsten Schritte. Was brauchst du für dich? Was könnte deinen inneren Funken wieder zum Sprühen bringen? Die Göttin Brigid hält dich, wenn du das Gefühl hast, den Boden unter den Füßen zu verlieren, und legt schützend ihre Energie um dich. Sie bittet dich, dich neu auszurichten, und hilft dir, mit ihrer Magie die Transformation mühelos zu meistern. Doch werde nicht ungeduldig, die Göttin Brigid rät dir, nicht zu streng mit dir zu sein und deinen starken inneren Funken, der in dir bedingungslos glüht, zu spüren. Blicke auf das, was du schon erschaffen, geschafft und bewältigt hast. Dann ist die Zeit gekommen, deinen Seelenpfad mit dem Licht der Göttin zu bescheinen. Nähre deinen inneren Funken, der das Gute strahlen lässt, und spüre, dass du dich in eine magische, lichtvolle Phase hineinbewegst.

Info: Brigid ist eine Göttin, die bis heute verehrt wird – zwar nicht mehr als keltische Göttin, jedoch als die christliche Heilige Brigid von Kildare. In ihr sind der neue und der alte Weg verschmolzen. Obwohl sie als Heilige all ihre Göttinnenattribute verlor, überdauerte sie Raum und Zeit und erinnert uns heute an Avalon und unsere Seelenheimat. Brigid ist die Hüterin des heiligen Feuers und die Göttin der Heilkunst, der Poesie, der Schmiedekunst, der Wahrheit, des Schutzes der weiblichen Kraft und der Initiation. Sie wird auch als die Mutter aller Götter bezeichnet und ist zudem Teil der dreigestaltigen Göttin, die die Mutter, die weise Alte und Brigid als Jungfrau in sich vereint. Sie ist ein Sinnbild für die weibliche Schöpferkraft.

Cassivellaunus

Lasse deine Zweifel ruhen!

Botschaft: Der Häuptling Cassivellaunus möchte dich dazu ermutigen, deine Zweifel, Ängste und Sorgen loszulassen, denn diese bremsen dich im Vorankommen und im Erreichen deiner Ziele. Was möchtest du erreichen? Wovon hältst du dich selbst ab durch dein stetiges Gedankenkarussell? Habe den Mut, die Zweifel und Ängste in dir klein werden zu lassen, denn auch ein Rückschlag bedeutet nicht, dass du auf dem falschen Weg bist. Aus einem Misserfolg darfst du lernen, dich neu aufzustellen und neue Pfade des Erfolges zu kreieren. Cassivellaunus rät dir, nicht unvorsichtig und unachtsam mit dir und deiner Umwelt umzugehen. Er erinnert dich daran, dass du dich selbst durch deine schwermütigen Gedanken nicht ausbremsen darfst. Du hast unendlich viel Kraft, die vom leuchtenden Funken in deinem Inneren genährt wird. Es liegt nun an dir, diese Kraft anzunehmen. Du hast die Verantwortung für dich und dein Handeln. Frei und losgelöst zu sein, kann Angst machen. Doch Cassivellaunus steht mit seiner Kraft an deiner Seite, um dich in allem zu unterstützen. Sei mutig, vorausschauend, frei, und nimm die Veränderung an, die sich einstellt, wenn du nicht mehr von Zweifeln und Sorgen gelenkt wirst. Beschwöre kein Unheil oder schwere Szenarien herauf, sondern sei fokussiert und flexibel in der Verfolgung deiner Ziele. Verliere dabei nie die Realität und das Wohl des großen Ganzen aus dem Blick.

Info: Der Häuptling Cassivellaunus war ein Visionär. Er wischte Zweifel, Feindschaften und Vorurteile hinfort und einte als Oberbefehlshaber viele Stämme Britanniens, um gemeinsam die eindringenden Römer zu bekämpfen. Ihm war bewusst, dass Sieg und Triumph nur durch Vorausschau und Abwägen der Lage erreicht werden konnten. Trotz einiger Fehlschläge hörte er nicht auf, für die Freiheit zu kämpfen. Und obwohl keltische Stämme immer wieder Friedensbündnisse mit den Römern eingingen, hörte Cassivellaunus nicht auf, neue Bündnisse mit britannischen Königen zu schließen. Er wollte die Stämme einen und ließ sich nicht von der Übermacht Roms entmutigen. Obwohl er zum Schluss ein Friedensbündnis mit Rom schloss, galt dies nur auf dem Papier, denn all die vereinbarten Steuern wurden nie gezahlt. Es heißt, dass Caesar der Nachwelt Britannien zwar durch seine Aufzeichnungen gezeigt habe, er es dieser jedoch nie hat übergeben können.

Cernunnos

Magie entsteht in dem Moment, in dem du eine Berührung spürst!

Botschaft: Der Gott Cernunnos berührt dich ganz sanft und flüstert dir zu: »Ich reiche dir meine Magie, meine Kraft, mein Licht, um dich bei dem zu unterstützen, was du dir erschaffen möchtest. Du hast mich erwählt, dir hier und jetzt zu helfen. Ich biete dir an, deinen inneren Funken mit meiner Kraft zu nähren. Magie entsteht in dem Augenblick, in dem du ganz gegenwärtig bist. Dieser Moment, auch wenn er ganz klein erscheinen mag, kann dich lichtvoll verändern.« Cernunnos ist an deine Seite getreten, weil er weiß, dass du bereit bist, dich für die magischen Momente in deinem Leben zu öffnen und diese zu erkennen. Das sind die Augenblicke, in denen sich Grenzen, Raum und Zeit auflösen, du eine erweiterte Sicht einnimmst und die Liebe und das Licht dich durchfluten. Verstärke die magischen Momente in deinem Leben. Manchmal genügt ein Blick, ein Satz, eine Geste, und schon lüften sich die Nebel. Nichts ist mehr wie vorher. Du fühlst dich verbunden. Öffne dein Herz weit, durchbrich deinen Schutzwall, zeige dein wahres Sein, denn dann bist du bereit, die Magie jederzeit und in jedem Atemzug zu erkennen. Sei authentisch, sei du selbst, zeige deine Gefühle, und lasse dich von diesen Augenblicken berühren. Erlebe die Magie des Lebens, und achte auf Momente der Synchronizität. Du bist Magie!

Info: Der Gott Cernunnos ist ein Hirschgott und einer der ältesten und bedeutendsten Götter der Kelten. Sein Name wird mit »der Gehörnte« übersetzt. Er ist auf dem Kessel von Gundestrup, einem der ältesten Fundstücke der keltischen Kultur, abgebildet. Dort trägt er das Geweih eines Hirsches, sitzt mit gekreuzten Beinen und hält in der einen Hand einen Torques, ein keltisches Schmuckstück, und in der anderen Hand eine Schlange. Links von ihm steht ein Hirsch und rechts von ihm ein Wolf. Aus dieser Abbildung schließt man, dass Cernunnos für das Gleichgewicht in der Natur sorgte. Er gilt als der Geliebte unserer Mutter Erde und der Großen Göttin und ist als dieser tief mit ihr verbunden. Zu Beltane tritt er durch die Nebel in diese Welt, um sie für uns zu lieben und zu befruchten. Er beschützt uns in dieser Zeit und hält alles in Balance, sodass im Herbst die Ernte eingefahren werden kann. Ab Samhain tritt er wieder hinter die Nebel, um in der Anderswelt alles im Gleichgewicht zu halten. Man geht davon aus, dass auch Cernunnos im Laufe der Zeit einen Wandel erfahren hat und unter anderen Namen zu finden ist wie »der Wilde« oder der »Grüne Mann« oder auch der »angelsächsische Herne«.

Cerridwen

Vertraue deinem Wissen!

Botschaft: Die Göttin Cerridwen steht an ihrem Kessel und ruft dich zu sich, um dir mitzuteilen, dass auch du eine Quelle der Weisheit in dir trägst. Es ist für dich an der Zeit, zu erkennen, dass du ein endloses Wissen besitzt und du das Vertrauen haben darfst, dieses jederzeit für dich zu nutzen. Natürlich kannst du Meinungen einholen, lesen und lernen und immer mehr Informationen sammeln, jedoch fordert dich Cerridwen auf, dieses Knäuel an Wissen in den Kessel zu werfen, um daraus deine eigene Essenz herauszufiltern. Vereinfache und vereinheitliche deine Sammlung von Informationen, dann wirst du erkennen, dass du die Antwort schon lange in dir trägst. Cerridwen umhüllt dich mit ihrer Energie, um dein Vertrauen in dich selbst zu stärken. Sie ermutigt dich, eine Entscheidung für dich selbst zu fällen. Es ist wunderbar, dass du ein Wissenssammler bist, jedoch kann dich zu viel Wissen auch davon abhalten, deine Ziele und Träume zu verwirklichen. Warum häufst du so viel Wissen an? Warum fürchtest du dich davor, zu handeln oder zu einer Entscheidung zu kommen? Was würden eine weitere Ausbildung, ein weiterer Kurs und ein weiteres Buch ändern? Habe Vertrauen in deine Fähigkeiten, dein Wissen und dein Tun. Cerridwen erinnert dich daran, dich nicht selbst auszubremsen und dir nicht selbst Steine in den Weg zu legen. Du kannst sie jederzeit an deine Seite rufen und dich von ihrer Energie einhüllen lassen, wenn du einen neuen Schritt des Lernens tust, dir eine Fortbildung Sorgen macht oder du das Gefühl hast, dass du hinterherhinkst. Dann wird sie dich an dein wundervolles inneres Wissen erinnern.

Info: Die Göttin Cerridwen steht für Inspiration, Weisheit, Kräuterkunde, Tod und Wiedergeburt und vor allem ist sie die Hüterin des Heiligen Kessels. Cerridwen zeigt sich zudem als die weißhaarige, alte Göttin der Prophezeiungen, als Hüterin der verborgenen Kräfte der Natur, sie besitzt die Fähigkeit, alles zur richtigen Zeit zu transformieren. In ihrem Kessel braut sie einen Urtrank für diejenigen, die in ihrem Leben Veränderung und Weisheit brauchen und stärker auf ihr Bauchgefühl hören wollen. In einer Legende braut sie einen Weisheitstrank für ihren Sohn, den jedoch versehentlich ihr menschlicher Gehilfe trinkt. Als sie diesen wutentbrannt verfolgt, nehmen beide vielerlei Gestalten an, bis sich die Göttin in ein Huhn verwandelt und ihren Gehilfen, der die Gestalt eines Getreidekorns angenommen hat, frisst. Auf diese Weise wird sie schwanger und gebiert bald darauf einen der schönsten und talentiertesten Barden ihrer Zeit.

Dagda

Aufrichtigkeit ist der Schlüssel zu deiner Kraft!

Botschaft: Der Gott Dagda tritt in dein Leben, um für Ordnung und Gerechtigkeit zu sorgen. Beurteile ihn nicht nach seiner rauen Schale, denn er hat ein offenes Ohr nur für dich. Er fragt dich, in welchem Bereich du dich gerade ungerecht behandelt fühlst! Was liegt dir auf dem Herzen? Dagda schenkt dir seinen Mut und sein Verständnis, um die Situation durchzustehen und die richtigen Schritte einzuleiten. Dein inneres Durcheinander und das Gefühl, dass gerade alles schiefläuft, möchte Dagda dir nehmen. Seine Energie wirkt beruhigend. Mit seiner Unterstützung fühlst du dich wieder ganz klar, dein inneres Gefühlswirrwarr ordnet sich. Gehe Herausforderungen ausgeglichen und mit klarem Kopf an. Dagda steht dir zur Seite, wenn du in Situationen gerätst, in denen du Hilfe brauchst. Er hilft dir, Aufrichtigkeit und Fairness walten zu lassen. Jedoch macht er dich auch darauf aufmerksam, dass du für dein eigenes Handeln verantwortlich bist und du gerecht und aufrichtig mit deinem Gegenüber umgehen solltest. Allzu oft wird mit dem Finger zuerst auf andere gezeigt, statt sich an die eigene Nase zu fassen. Sich selbst einzugestehen, dass man in Situationen nicht aufrichtig oder gar ungerecht war oder weggeschaut hat, ist der erste Schritt, um in seine eigene Kraft und Macht zu kommen. Sei gerecht, nicht erbarmungslos, dann kann dein innerer Funke kraftvoll leuchten.

Info: Der Gott Dagda, was so viel heißt wie »guter Gott«, war der Anführer der Túatha Dé Danann*. Er war der Göttervater und zuständig für Recht, Gesetz und Ordnung. Obwohl er eher hässlich war – er trug aus diesem Grund eine Kapuze tief ins Gesicht gezogen –, hatte er viele Geliebte unter den Göttinnen, mit denen er auch Kinder zeugte. Die wichtigsten Insignien, die er bei sich trug, waren eine immens große Keule, eine Harfe und ein Kessel. All diese hatten magische Fähigkeiten. Die Keule konnte mehrere Leben auf einmal nehmen, aber auch Leben spenden. Die Harfe bezirzte die Götter und Menschen und konnte die schönsten Gefühle in ihnen hervorrufen. Der Kessel produzierte die köstlichsten Speisen.

---

* Die Túatha Dé Danann, übersetzt »das Volk der Danu«, ist ein Göttergeschlecht, das den Anfang aller keltischen Göttergeschichten markiert. Sie siedelten auf dem Land der Kelten und führten zahlreiche dramatische Schlachten. Sie herrschten über 190 Jahre lang.

Danu

Du bist ein Schatz!

Botschaft: Die Göttin Danu lüftet die Nebel und schenkt dir einen Blick für alles, für das du heute dankbar sein darfst. Sie erinnert dich daran, dass du deinen inneren Funken wertschätzen solltest. Die Göttin spricht zu dir, dass Dankbarkeit und Wertschätzung viele verschiedene Gesichter tragen können und dich deren Energie hell funkeln lässt. Erkenne die Achtung, die dir und deinem Sein entgegengebracht wurde und wird, die kleinen Gesten, die zugleich große Zeichen der Wertschätzung sind. Zu erkennen, an welchen Stellen man beschenkt, gesegnet und geehrt wird, hilft, diesen Segen in die Welt zurückzugeben. Diese Energie macht leicht und öffnet die Pfade, nach denen du dich sehnst. Die Göttin Danu fordert dich auf, dich für diese Schwingung zu öffnen, während sie dich liebevoll hält. Erkennst du in anderen auch ihren Funken, wertschätzt du ihr Tun oder die kleinen unscheinbaren Momente, die dir geschenkt werden? Spüre, wie dein innerer Schatz durch ihre Gesten wächst und funkelt. Und was ist mit dir? Wertschätzt du dich und dein Tun? Bist du stolz auf dich? Und lässt du auch das Lob anderer zu? Oder machst du dich womöglich klein? Die Göttin Danu ist heute in dein Leben getreten, weil du dich in deine wahre Große ausdehnen und die Schätze um dich herum erkennen, diese annehmen und von Herzen weiter verteilen darfst. Denn auf diese Weise ziehst du Dankbarkeit, Liebe und Respekt wie ein Magnet in dein Leben. Lasse diese Energien in jeden Aspekt deines Lebens fließen, um mit Leichtigkeit deinen inneren Funken strahlen zu lassen und das anzuziehen, wonach du dich sehnst.

Info: Die Göttin Danu ist die Ahnin der Götter, die die Heiligen Insignien auf die Erde gebracht haben, sie hat das Leben auf der Erde erst ermöglicht. Es soll keine einzige Geschichte über sie geben, die die Zeit überdauert hat und niedergeschrieben wurde. Jedoch wissen wir, dass sie für die Dankbarkeit, für unsere Vorräte, Ressourcen und die Sinnesfreuden steht. Sie unterstützt uns bei allem, was wir empfangen oder auch wieder abgeben wollen. Sie ist die Helfende, Versorgende und Nährende auf allen Ebenen. In den beiden Hügeln von Killarney in Irland meinen viele Menschen, die Göttin sichtbar in der Landschaft ausgestreckt liegend zu sehen.

Drache

Der reinigende Atem Avalons schützt dich!

Botschaft: Der Drache Avalons gleitet durch den Nebel zu dir. Er setzt sich an deine Seite und spricht: »Ich möchte dir Klärung, Schutz und Segen schenken.« Sein heißer, feuriger Atem segnet dich sowie alle, die sichtbar und unsichtbar mit dir verbunden sind, wie deine Familie, deine Freunde und dein Zuhause. Aber vielleicht gibt es ja gerade einen Streit, Konflikt oder schwere Energien, die dich und dein Umfeld belasten, dann lasse diese mit dem magischen Feuer des Drachen reinigen und wieder leicht werden. Gibt es Momente, in denen du wütend bist, dich eingeengt oder verlassen fühlst? In denen du dich in einem Strudel des Chaos und der Aufregung befindest? In denen dir deine vier Wände erdrückend erscheinen? Der Drache löst all dies in Rauch auf, und du kannst dich leichter und freier fühlen. Der Drache Avalons möchte dein Begleiter sein, wenn du das Gefühl hast, dass du Halt brauchst, du dich schutzlos fühlst oder ein extra Paar Augen hilfreich wäre, das aus einer höheren Perspektive auf dich achtet. Er möchte, dass du deinen inneren Funken pflegst wie ein Heiligtum und du dich ganz in dir zu Hause fühlst. Er wird dich jedoch auch in neue Situationen stupsen, wenn du zum Einsiedler wirst und neue Herausforderungen scheust. Habe keine Angst, denn der Drache Avalons steht schützend hinter dir und hilft dir, alle Schwierigkeiten zu überwinden.

Info: Drachen gibt es in den verschiedensten Formen, und sie sind in fast jeder Kultur bekannt. Ein Drache zeichnet sich vor allem dadurch aus, dass er alle Elemente gemeistert hat: Er kann auf Land gehen, durch die Lüfte fliegen, in die Tiefen der Ozeane abtauchen und Feuer speien. Drachen sind Lichtwesen aus höheren Dimensionen, voller Kraft, Schutz, Humor und bedingungsloser Liebe. Ihre Fähigkeiten stellen sie jedem zur Verfügung, der ihre Hilfe und Unterstützung braucht. Es besteht eine tiefe Liebesverbindung zwischen den Drachen und der Erde mit seinen Wesen, aber auch zu allen anderen Lichtwesen. Uther Pendragon, der Vater von König Artus, trug in seinem Banner einen Drachen, der ihn an seine Wurzeln erinnerte. Merlin und die Druiden kommunizierten mit den Drachen und wussten, wie man ihre Energie nutzen konnte. Die Drachen standen ihnen bei ihren Ritualen oft zur Seite und unterstützten sie mit ihrer Kraft. Lancelot kam wieder zu seiner eigenen Kraft, als er einen Drachen tötete. Zudem soll das Blut eines Drachen unverwundbar machen, und wenn man es trinkt, soll man die Sprache der Tiere verstehen können.

Druide

Der Wandel kommt mit der Zeit!

Botschaft: Die Druiden Avalons treten aus dem Nebel hervor, um dich daran zu erinnern, dass ein jeder von uns mit dem Zyklus der Natur schwingt. Das Leben besteht aus Rhythmen wie der Entwicklung vom Baby zum Kleinkind, Teenager und zum Erwachsenen, aber damit ist der Zyklus noch lange nicht vollständig, es gehören unter anderem das Glücklich- und das Traurig-Sein, aktive und passive Phasen sowie das Lernen und das Lehren dazu. Keine dieser Phasen ist besser als die andere, denn jeder einzelne Schritt macht dich zu dem wundervollen Menschen, der du heute bist. Die Druiden erinnern dich daran, stärker auf deinen inneren Zyklus zu achten und dich in deinem Rhythmus zu bewegen. Lasse dich jedoch nicht von deinem Tun abhalten, denn sich gegen seinen eigenen Zyklus zu wehren, kann deinen inneren Funken schwächen und dich aus der Bahn werfen. Deinem eigenen Rhythmus zu folgen, ist das Natürlichste, was du für dich tun kannst. Auf diese Weise kannst du mühelos deinen Weg gehen. Achte dabei jedoch auch auf andere, und habe Verständnis, wenn diese sich vielleicht gerade auf einem anderen Gefühlslevel befinden. Der Rhythmus der Zeit bringt zuweilen Veränderungen, die nicht leicht zu akzeptieren oder schmerzhaft sind, auch hier stehen dir die Druiden liebevoll zur Seite. Sie leiten dich durch die dunklen Momente und helfen dir, dich neu auszurichten. Lasse dies den Anfang von etwas ganz Wunderbarem sein.

Info: Die Druiden sind ein Teil der keltischen Kultur und waren gern gesehene Gäste in Avalon. Merlin, der bekannteste Druide aller Zeiten, wurde von der Hohepriesterin Vivianne in der Zauberkunst Avalons ausgebildet. Die Druiden lebten im Rhythmus der Natur und hatten einen engen Kontakt zu den Wald-, Baum- und Steingeistern, den Elfen, Drachen und Lichtwesen im Allgemeinen. Sie waren in der Kräuterkunde geschult und leiteten Teile von Ritualen und Zeremonien. Allein ihre Anwesenheit mit all ihrem Wissen machte einen Augenblick schon magisch. Ihr Anliegen war es, die Natur zu pflegen und zu schützen. Zudem machten sie viele Kraftorte für die Menschen sichtbar. Die Druiden besetzten nahezu alle wichtigen Ämter in der Gesellschaft, jedoch ohne als Führer in den Vordergrund zu treten – vielmehr waren sie die Berater der Könige.

Einhorn

Spüre den Herzschlag von Mutter Erde!

Botschaft: Das Einhorn kommt zu dir, um dich mit der Natur, mit dir selbst und mit Avalon in Einklang zu bringen. Du kannst seine Anwesenheit ganz deutlich spüren. Lasse dich auf dem Rücken des Einhorns tragen, nimm wahr, wie sich eure Herzschläge synchronisieren und du eine Verbindung zu Mutter Natur und all ihren Wesen aufbaust. Das Einhorn öffnet dir den Zugang zur klärenden und kraftspendenden Energie der Natur. Von ihr fühlst du dich bedingungslos gehalten. Lasse dich von dem überwältigenden Einheitsgefühl durchfluten. Lausche deinem Herzschlag und dem Herzschlag von Mutter Erde. Das Einhorn kommuniziert jenseits aller Worte mit dir. Du erlebst eine Einweihung. Über deinen inneren leuchtenden Funken kannst du mit allem kommunizieren und in Kontakt treten. Gehe in die Natur, um dich mit Mutter Erde zu verbinden. Setze dich in den Wald, an einen Bach, auf eine Wiese oder in einen Garten. Genieße für eine Weile den Duft der Natur, den Frühnebel, der durch die Gräser zieht, die Sonnenstrahlen, die dein Gesicht streicheln oder das kühle Nass der Gewässer. Bereits nach kurzer Zeit in der Natur können sich deine Wahrnehmungskanäle wieder neu ausrichten. Mit jedem Atemzug erlebst du, dass

Mutter Erde eine klärende und reinigende Wirkung auf dich und dein ganzes Sein hat. Das Einhorn lässt dich erkennen, dass du achtsam und im Einklang mit der Natur, mit allen Wesen und mit dir selbst leben kannst. Die Energie des Einhorns hüllt dich ein, wann immer du sie brauchst.

Info: Das Einhorn ist aus den Sagen rund um den Erdball nicht wegzudenken. Bei den Inselkelten sind Darstellungen von pferdeähnlichen mythologischen Wesen sehr häufig zu finden. Eine der bekanntesten Darstellungen findet sich auf dem Kessel von Gundestrup. Das Pferd, ob als Hippokamp, Zentaur oder Einhorn mit Mistelkrone, findet sich vor allem in der Kunst vom 1.–5. Jahrhundert v. Chr. Das Einhorn unterstützt die Menschen, indem die göttliche Stärke, Kraft und der Mut der Großen Göttin in sie übergehen, wenn sie sich mit diesem Wesen verbinden. Die Priesterinnen Avalons nutzten das Wissen, die Kraft und Magie des Einhorns, um der Göttin näherzukommen, sie besser zu verstehen und die Mysterien zu begreifen, die hinter dem Nebel lagen. Da das Einhorn – so wie alle Lichtwesen – aus dem Schoß der Großen Göttin entsprungen ist, ist es ein Teil von ihr.

Elfenkönig

Ehre deine lichtvolle Dualität!

Botschaft: Der Elfenkönig kommt heute zu dir, um dich an deine innere Balance zu erinnern. Spüre, ob deine männliche und deine weibliche Seite im Gleichgewicht sind. Beide Seiten dürfen sich ergänzen, denn nicht aus der Trennung, sondern aus der Einheit heraus wirst du deinen Seelenweg leuchten sehen und neue Impulse erkennen, umsetzen und in die Welt hinaustragen können. Durch die unterstützende Energie des Elfenkönigs findest du mühelos deine Mitte. Gibt es Momente, in denen du dich nicht im Gleichgewicht fühlst? Oder hast du immer wieder das Gefühl, dass der Boden unter dir nachgibt? Dann rufe den Elfenkönig an deine Seite. Durch seine sanfte Berührung wirst du geerdet und fühlst du dich augenblicklich ausgeglichener. Lasse alte Verletzungen durch die Magie des Elfenkönigs heilen. Seine Liebe, Kraft und Untrennbarkeit durchströmen dich und verankern sich in dir. Der Elfenkönig erinnert dich daran, dass du dich nicht für deine männliche oder weibliche Seite entscheiden musst, sondern dass durch die Harmonie der beiden Seiten Mühelosigkeit und Leichtigkeit in dein Leben fließen können. Erlebe, wie es ist, ganz in deiner Mitte zu sein und mit der Kraft der Fülle deinen Weg zu gehen. Suche stets das Gleichgewicht, denn dann entsteht eine einheitliche Verbindung zwischen deinem Körper, deiner Seele und deinem inneren Funken.

Info: Elfen sind bis heute in vielen Ländern sagenumwobene Figuren der Volksmythologie. Sie sind sehr zarte Wesen, die Wissen und Weisheit hüten und eine hohe Schwingung tragen, ihr Gemüt ist leicht und fröhlich. Sie können ihre Größe je nach Gelegenheit ändern, aber auch unsichtbar werden. Sie leben in Abgeschiedenheit und genießen dies. Der Steinkreis als Portal in die Lichtwelt gilt als Ort, an dem man ihnen immer wieder begegnen kann. Die Elfen zeigen uns Menschen diese Tore und lieben es, zusammen mit uns durch sie zu schlüpfen. Auch Hügel, die eine auffällige Form haben, sollen Eingänge ins Reich der Feen und Elfen markieren. Die Paläste ihrer Welt sollen aus Edelsteinen, Gold und Kristallen erschaffen sein, und in ihnen werden rauschende Feste gefeiert. Der Elfenkönig, der einen solchen taghellen und funkelnden Palast bewohnt, besitzt noch mehr Magie als seine Untertanen und kann mit einem geheimnisvollen Spiegel in unsere Welt schauen, um seinem Volk Nachrichten zu übermitteln, wenn wir Menschen Unterstützung brauchen. Die Elfen lebten einst Hand in Hand mit dem Volk von Avalon und unterstützten die Priesterinnen mit ihrer Magie bei deren Ritualen und Jahreskreisfesten.

Esus

Möge die Fülle deinen Pfad säumen!

Botschaft: Der Gott Esus möchte dir die Gewissheit schenken, dass Wachstum, Fülle, Wohlstand und Erfolg in alle Bereiche deines Lebens fließen. Mit seiner Energie kann aus dem kleinsten Samen etwas Großes und Riesiges erblühen. Esus steht dir zur Seite und reicht dir seine helfende Hand, um dich zu unterstützen, deinen Blick zu öffnen und deine Leidenschaft für Projekte wachsen zu lassen. Für ihn macht es keinen Unterschied, ob du spirituell, materiell oder in anderen Bereichen wachsen möchtest. Was darf sich in deinem Leben vermehren? Was oder wen möchtest du in dein Leben ziehen? Wo möchtest du aus der Fülle schöpfen und warum? Welchen Samen müsstest du dafür pflanzen? Esus erleuchtet deinen Pfad, damit du deine kommenden Schritte erkennst. Er erhellt deinen inneren Funken, damit dieser alle Blockaden hinwegschmelzen kann. Habe keine Angst vor Erfolg, Wachstum oder Wohlstand, und mache dir keine Sorgen über dein eigenes Weiterkommen. Rufe Esus, wann immer du Hilfe brauchst, um Blockaden zu überwinden und die Fülle in dein Leben zu ziehen. Jedoch wird er nicht kommen, wenn du nicht selbst etwas für deinen Erfolg tust. Lenke dein Leben in eine positive Richtung, ohne über Leichen zu gehen oder die Regeln des Anstandes zu verletzen, denn dies würde dich auf allen anderen Ebenen ins Ungleichgewicht bringen. Fülle und Erfolg sind etwas magisch Schönes, allerdings nicht um jeden Preis. Der Weg ist dein, und du darfst ihn gehen.

Info: Esus ist der Gott des Handels und der Wege, aber auch der Gott des Reichtums. Sein Name gibt auf seine Aufgabe als Gott Rückschluss, denn er steht für den Samen, der zu einem Riesen wächst, aber auch für den Geist der Bäume, die das Wachstum symbolisieren. Esus ist das Gute, und der Mistelzweig sowie der Eber sind Sinnbilder für ihn. Mit seiner Axt siegt er über die Lebenskräfte seiner Gegner.

Feenkönigin Ainé

Schlafe, um zu erwachen!

Botschaft: Die Feenkönigin ruft dich zu sich. Sie hat dir ein Bett aus Blütenblättern bereitet, denn es ist Zeit, dich auszuruhen. Erholung, Schlaf und Pausen sind essenziell, um gesund zu bleiben, aufzutanken und genug Energie zu haben, um spirituell zu erwachen. Gönnst du dir Ruhepausen, oder gibt es immer etwas zu tun? Bist du in Ruhephasen ganz bei dir oder kreist dein Gedankenkarussell auch dann weiter? Die Feenkönigin tritt an deine Seite, um deinen Schlaf und deine Träume schützend zu bewachen. Zur Ruhe zu kommen, ist wichtig, denn dein Körper braucht Schlaf und Erholung, damit du gesund bleibst, volle geistige Leistung abrufen kannst, alles verarbeiten kannst und Raum hast, um dich weiterzuentwickeln. Überfordere dich nicht, und behalte deinen Energiehaushalt stets im Blick. Denn du sollst deinen lichtvollen Pfad nicht übermüdet »verstolpern«. Jetzt ist die Zeit zu träumen? Lasse neue Ideen und Visionen entstehen? Nimm dir Zeit, dich auszustrecken und einfach mal so lange zu schlafen, wie du kannst. Erlebe die Magie eines erholsamen Schlafes.

Info: Ainé gilt als Königin und Mutter der Feen. Mehrere Legenden ranken sich um sie. In vielen gilt sie als Tochter des Göttergeschlechts, das mit den Heiligen Insignien Avalons auf die Erde gekommen ist, um hier mit uns zu leben. Das macht sie nicht nur zur Königin, sondern auch zu einer Göttin. Sie ist ein Symbol für Gerechtigkeit, Heilkunst, Souveränität und Wohlstand. Wenn ihr Ungerechtigkeit widerfährt, dann steht sie für sich und andere ein, so hat sie dem irischen König Ailill Aulom einst die Ohren abgebissen, nachdem er ihr schlimmes Unrecht angetan hatte. Sie lässt Geisterfackeln tanzen, um jedem, der sie um Hilfe bittet, einen sicheren Weg zu leuchten. Sie soll in einem Hügel Namens Cnoc Áine wohnen. Bis Ende des 19. Jahrhunderts empfanden die Bauern den Tanz des Feuers in einer Sommernacht nach, indem sie dreimal Fackeln um den Berg herum trugen, damit Felder, Häuser und Familien vom Glück der Feenkönigin berührt würden. Im Land der Feen gibt es keine Grenze zwischen der Lichtwelt und den Dimensionen. Avalon ist bis heute unter anderem als Feeninsel oder Feenreich bekannt, weil der Übergang dort unglaublich fließend ist.

Galahad

Sei ritterlich auf deinem Pfad des Lichts!

Botschaft: Der Ritter Galahad tritt heute zu dir, um dich an deine ehrenhafte und noble Seite zu erinnern. Du darfst nach Höherem streben. Tue das Richtige, und mache das Beste aus jeder Situation und Aufgabe. Galahad schenkt dir Durchhaltevermögen und erinnert dich daran, dich nicht mit Halbherzigkeit zufriedenzugeben. Indem du dich nach der höchsten Schwingung ausrichtest, deine Ideale im Blick hast und ein ritterliches Streben in dir wahrnimmst, wird dein innerer Funke zu einem Magneten. Deine Energie verändert sich, und du ziehst neue große Möglichkeiten in dein Leben. Dir werden Menschen mit der gleichen Werteinstellung begegnen, und neue ehrenvolle Chancen werden sich offenbaren. Galahad unterstützt dich dabei, deinen Weg ehrenvoll zu gehen, jedoch möchte er dich auch ermahnen, deine ritterliche Seite nicht verkümmern zu lassen. Andernfalls wirst du bemerken, dass dir der Ritter ein Bein stellen kann und du dich nur mit kleinen Chancen und Aufträgen begnügen darfst. Wer seinen Funken aufrichtig sprühen lässt, erntet auch Aufrichtigkeit. Lasse dich nicht dazu verführen, deine noble Seite zu verstecken. Nur weil dein Gegenüber diese Seite nicht lebt, musst du dich nicht schämen, wenn du dies tust. Lasse dich nicht verunsichern, Galahad gibt dir Rückendeckung. Jemandem bedingungslos zu helfen und ihn zu unterstützen, lässt deinen inneren Funken auf ewig leuchten.

Info: Sir Galahad ist einer der bedeutendsten Ritter der Tafelrunde. Er ist der Sohn von Lancelot und Elaine, die Lancelot durch einen Zauber verführt und so Galahad empfangen hat. Er wird als der reine Ritter ohne Makel beschrieben, das Einhorn steht sinnbildlich für ihn. Noch bevor Galahad am Hofe von Artus eingeführt wurde, erschien sein Name in Feuerbuchstaben auf einem Stuhl der Tafelrunde. Dieser Stuhl war bis dahin für den Ritter frei geblieben, der die Kraft, das Durchhaltevermögen und das reine Herz hatte, den Heiligen Gral zu suchen und zu finden. Auch vollbrachte er das Unmögliche und zog vor seinem Ritterschlag wie Artus ein Schwert aus einem Stein und zeigte so der Welt, dass es seine Bestimmung war, ein großer Ritter zu sein. Während einst die Tafelrunde tagte, sahen alle Mitglieder ein gleißendes Licht, doch nur Galahad erkannte darin Engel, die den Gral trugen. Die Ritter beschlossen daraufhin, den Gral zu suchen. Galahad fand ihn. Er brachte ihn aber nie zurück zu Artus, weil er vorher verstarb, und so bleibt der Gral bis heute verschollen.

Guinevere

Mögen deine Gedanken von Liebe regiert werden!

Botschaft: Königin Guinevere reicht dir ihre Hand, um dich in Liebesfragen zu unterstützen. Sie hilft dir, aus deinem Gedankenkarussell auszusteigen und die Liebe in jeden Bereich deines Lebens fließen zu lassen. Sie steht dir zur Seite, spricht dir Mut zu und unterstützt dich dabei, die Liebe in deinem Leben wahrzunehmen, Vertrauen zu dir selbst und anderen aufzubauen und verborgene Verletzungen deines Herzens zu heilen, damit du die Schatzkammern der Liebe für dich und die Welt öffnen kannst. Erlebe, wie es ist, die Liebe wieder in dein Leben einzuladen. Sie kann tiefe Narben in einen leichten Schatten der Erinnerung wandeln, wenn du dies zulässt. Vergib dir selbst, und lasse deinen inneren Funken wieder strahlen. Die Liebe will wahrgenommen werden, in jeder kleinsten Bewunderung, und schenkt dir die größte Befriedigung, wenn du dich selbst bedingungslos liebst. Liebst du dich? Was liebst du an dir? Weißt du, wie sich die Liebe in dir anfühlt? Die Anerkennung der Liebe mehrt diese. Erfreue dich an der Tatsache, dass du lieben kannst. Liebe ist Magie, sie gehört niemandem, und sie ist in allem. Jedoch von der Liebe abhängig zu sein, ist etwas ganz Trauriges, Unheroisches, Schwaches und beschwert dich. Guinevere fragt dich, ob du die Liebe für deine persönlichen Vorteile nutzt? Oder ob du dich ausgenutzt fühlst? Hältst du an Beziehungen und Verbindungen fest, die nicht mehr aus Liebe bestehen, sondern aufgrund von Ängsten? Prüfe dies für dich, denn die Liebe kann man nicht besitzen oder kontrollieren. Die Liebe ist etwas im Hier und Jetzt, gib alle Vorstellungen frei, genieße sie, und lasse alles fließen. Die Liebe ist ewig und endlos. Ein neues Kapitel der Liebe öffnet sich für dich.

Info: Königin Guinevere war die Ehefrau von König Artus. Beide lebten eine uneingeschränkte und immerwährende Liebe füreinander. Guinevere war eine sehr weise, freundliche und umsichtige Königin. Ihre Schönheit war weit über die Grenzen Britanniens hinaus bekannt. Sie repräsentierte das Land und war für viele mehr als eine Königin, denn sie hielt die Liebe lebendig. Eine walisische Legende besagt, dass sie eine kraftvolle Göttin gewesen ist. In dem Moment, in dem Artus sie heiratete und sich mit ihr vereinte, bürgte er dafür, dass das Land während seiner Herrschaft Wohlstand und Fruchtbarkeit erleben würde. Daraufhin verwandelte sich die Göttin in die Königin Guinevere. In der Abbey von Glastonbury sollen Artus und Guinevere begraben gewesen sein. Als ihre Gebeine gefunden wurden, hielt Artus Guinevere in seinen Armen, und ihr blondes Haar war noch vollständig erhalten.

Heiliger Gral

Möge Vergebung dein Schlüssel sein!

Botschaft: Der Heilige Gral steht für Selbstvergebung, Furchtlosigkeit und Wachstum. Es ist jetzt an der Zeit, deine Vergangenheit loszulassen. Die Magie des Grals unterstützt dich in deinem Tun. Komme ganz zu dir, und frage dich, ob es in deinem Leben bestimmte Situationen, Begebenheiten und Momente gab, in denen du dich selbst verurteilt hast? Gab es Zeiten, in denen du dir selbst ein schlechtes Gefühl gegeben hast, ein Gefühl, das dein Herz einschnürte? Gibt es etwas, was dir das Gefühl gibt, nicht mehr richtig durchatmen zu können? Oder machst du dir Vorwürfe und kannst eine Begebenheit einfach nicht loslassen? Du versuchst, es zu vergessen, aber das ungute Gefühl bleibt in dir? Der Gral möchte dich dabei unterstützen, dir selbst zu vergeben. In der Vergebung können negative Gefühle losgelassen, aufgelöst und vergessen werden – und Heilung kann geschehen. Die Heilung, die du dir selbst schenkst, wird erst dein Inneres zum Leuchten bringen und dann deinen ganzen Weg bescheinen: *Stelle ein Glas Wasser für 5 Minuten auf die Karte, danach trinke das Wasser oder halte die Karte an dein Herz, und spüre, dass dein leuchtender Funke in reinigende Resonanz mit dem Gral geht. Ihr bildet eine Einheit, und mit jedem Schluck oder Atemzug dürfen sich die Schwere und die Schnüre in dir lösen. Dein Herz wird ganz frei und leicht. Du erlebst, dass sich die unguten Gefühle langsam auflösen und immer kleiner werden. Die Vergebung schenkt dir ein Gefühl von Leichtigkeit, Freiheit und Weite, das sich immer weiter in dir ausbreitet.*

Info: Der Mythos besagt, dass Josef von Arimathäa nach dem Tod von Jesus Christus den Gral zurück nach Avalon brachte, um ihn wieder mit den anderen Heiligen Insignien zu vereinen. König Artus wurde der Gral einst zusammen mit dem Schwert Excalibur übergeben, damit er sein Land in Frieden führen und ihm Wachstum bringen konnte. Der Gral ging jedoch verloren. Als Gralssuchende spielen Artus und seine Ritter der Tafelrunde eine der zentralen Rollen in den Legenden und der Mythologie Britanniens. Der Gral ist ein Symbol für Vertrauen, Vergebung und Güte, aber auch für Fülle, inneres Licht, für die Anbindung an die höheren Dimensionen und dafür, mit sich selbst und dem eigenen Herzen in Verbindung zu sein. Er ist ein Sinnbild dafür, dass wir mit unserem inneren Licht, unserem göttlichen Funken, in Verbindung treten können.

Hohepriesterin

Du bist magisch!

Botschaft: Die Hohepriesterin lüftet die Nebel und möchte deine innere Magie erwecken. Sie ist deine Vertraute und steht dir mit ihren Fähigkeiten und ihrem Wissen zur Seite. Sie möchte deinen Blick erweitern, damit du dich an deine avalonischen magischen Fähigkeiten erinnerst, an eine Zeit, als du die Kräfte noch selbst lenken konntest und wusstest, dass die Magie tatsächlich real ist. In allem, was dich umgibt, liegt ein Zauber, auch in dir und in dieser Karte. Schaue mit den Augen der Hohepriesterin, und du erkennst die Wunder, die durch ihren magischen Funken leuchten. Mit dieser Magie ist jetzt alles möglich. Für deinen inneren Funken ist der Zauber das, was die Sonne für einen vergessenen Samen im fruchtbaren Boden ist: Sie lässt ihn wachsen – so können Wunder geschehen. Die Hohepriesterin sagt dir: »Nichts und niemand kann dich magischer machen, denn du bist pure Magie. Lenke deine reinen Absichten und glücklichen Vorstellungen zum Wohle des Ganzen zum Licht. Du kannst positive Veränderungen in die Welt bringen, wenn du dir selbst treu bleibst.« Die Hohepriesterin tritt heute an deine Seite, um dich zu fragen, ob du glaubst, die Wahrheit zu kennen. Gibt es Fragen, die du deinem Gegenüber noch nie gestellt hast? Gibt es Antworten, an deren Wahrhaftigkeit du glaubst, obwohl du nie je die Frage gestellt hast? Die Hohepriesterin lüftet den Schleier der Lügen und Unwahrheiten, denn die Magie liegt in der Wahrheit und Ernsthaftigkeit. Magie schenkt dir Sicherheit und lässt deinen inneren Funken glühen.

Info: Die Hohepriesterin ist die Anführerin der Priesterschaft und das Sprachrohr der Großen Göttin. Sie ist diejenige, die alle Elemente, Rituale und Zeremonien am mühelosesten und einfachsten meistert und bei Ritualen den magischen Kräutersud zu sich nimmt, um die Große Göttin zu hören, mit ihrer Stimme zu sprechen und ihre Magie mit den anderen Priesterinnen zu teilen. Sie ist aber auch Lehrerin für die Novizinnen und kann die Kraft der Großen Göttin für Avalon glückeinwärts lenken.

Igraine

Möge dein Weg friedvoll sein!

Botschaft: Die Schleier lüften sich, und Igraine tritt an deine Seite. Sie möchte dir ein Gefühl von innerem Frieden und Entspannung schenken. Indem du nicht auf Streitigkeiten eingehst, nicht auf dein Recht pochst oder immer das letzte Wort haben musst, kannst du entspannt auf dem Pfad der Liebe wandeln. Es ist nun der Augenblick gekommen, tief durchzuatmen und eine belastende Situation in Frieden gehen zu lassen. Warum pochst du so auf dein Recht? Warum bringt es dir Befriedigung, immer noch einen draufzusetzen? Was würde es für einen Unterschied machen, wenn du diesen Umstand in Frieden gehen lassen würdest? Lasse die Situation ruhen und Vergebung hineinfließen. Beim Vergeben geht es nicht darum, das schlechte und verletzende Verhalten deines Gegenübers einfach so hinzunehmen, sondern dich selbst für einen leichten und glücklichen Weg zu entscheiden. Ständig dagegen anzugehen und dich zu widersetzen, kann dein Gegenüber verletzten. Womöglich gelangt ihr beide auf diese Weise in eine Dauerschleife des gegenseitigen Bekämpfens. Igraine umhüllt dich mit ihrer friedvollen Energie, damit du es gut sein lassen und deinen Weg unbeschwert gehen kannst. Groll, Ärger und feindselige Pläne blockieren dich und deinen Weg. Frage dich, wohin würde dich diese Blockade bringen? Je mehr du für deinen Standpunkt kämpfst, desto unglücklicher wirst du sein und desto tiefer verwickelst du dich in ein Machtspiel, das du ganz einfach beenden kannst. Igraine ermutigt dich, deinen inneren Funken in Frieden sprühen zu lassen, deine Kämpfe weise zu wählen und deinen Weg in Freude zu gehen.

Info: Igraine war ein Kind Avalons und von adeligem Blut. Sie liebte mit ihrem ganzen Herzen und bleibt uns als Mutter der faszinierendsten Figuren der Artus-Geschichte in Erinnerung. Sie gebar Morgaine als Tochter ihres ersten Ehemannes Gorlois und Artus als Zeugnis ihrer Liebe zu Uther Pendragon. Ihr Hof war auf der Burg von Tintagel in Cornwall, wo sie ihre Kinder aufzog, bis sie so weit waren, ihre Ausbildung auf der Heiligen Insel Avalon und der Insel der Druiden zu erhalten. Igraine hatte kein Glück in der Liebe, denn beide Männer starben auf dem Schlachtfeld. Sie aber ging den Weg des Friedens. Igraine wurde als Kind auf der Heiligen Insel ausgebildet, sie verehrte den alten Weg und die Große Göttin und hielt Rituale und Zeremonien ab. Durch ihre Ausbildung in Avalon konnte sie ihre angeborene Kunst, das Zweite Gesicht, verfeinern und so Visionen empfangen und diese deuten.

Kleines Volk

Deine humorvolle und verspielte Seite ist gefragt.

Botschaft: Das Kleine Volk tritt lachend und scherzend durch die Nebel an deine Seite, um dich an die Freude und den Spaß in deinem Leben zu erinnern. In fast jeder Situation liegt etwas Humor. Das Kleine Volk fordert dich auf, diesen jetzt zu erkennen. Es hilft häufig, über Schwierigkeiten, verfahrene Situationen oder belastende Momente zu lachen und den lustigen Moment des Augenblicks zu sehen. Das kleine Volk möchte, dass du die Leichtigkeit einer Situation erkennst, denn so erschließen sich dir einfachere Wege. Wenn du mehr Leichtigkeit und Freude in dein Leben holen möchtest, dann lade das Kleine Volk ein, an deiner Seite zu stehen und dich immer mal wieder anzustupsen. Lachen ist ein Geschenk des Kleinen Volkes an jeden von uns, und dieses darfst du nutzen, um dich frei und leicht zu fühlen. Verschiebe Sorgen und Gedanken einfach auf später. Wann hast du das letzte Mal von Herzen gelacht? Wann hast du dir vor Lachen den Bauch gehalten und konntest einfach nicht mehr aufhören? Wann warst du das letzte Mal einfach albern und hast losgelassen? Das kleine Volk fordert dich auf, zu lachen, um die Dinge aus einer müheloseren Warte zu betrachten, jedoch will es nicht, dass du Traurigkeit oder Verletzungen deiner Seele mit Lachen kaschierst. Verdecke dein Inneres nicht, indem du den Clown spielst. Sei ehrlich zu dir, und überspiele nichts. Sich über jemand anderen lustig zu machen, schadenfroh zu sein oder über die Fehler anderer zu lachen, ist nicht das, was das Kleine Volk meint. Erlebe Freiheit und Grenzenlosigkeit, indem du deine humorvolle Seite lebst.

Info: Das Kleine Volk besteht aus Elfen, Gnomen, Zwergen, Trollen und anderen Lichtwesen. Sie sind ein fester Bestandteil der keltischen Mythologie und lebten mit den Menschen sichtbar zusammen, bis die Verehrung für Mutter Natur sowie das Ausüben von Ritualen und das Feiern der Jahreskreisfeste allmählich in den Hintergrund traten. So trat auch das Kleine Volk nach und nach hinter die Nebel und wartet bis heute in Avalon darauf, dass wir unser Bewusstsein für unseren wundervollen Planeten wieder öffnen, damit es mit uns Hand in Hand feiern kann. Es lehrt uns unbekümmerte Verspieltheit. Es geht den alten Weg der Naturreligion, kennt den Pfad der Großen Göttin, ist in die Magie der Natur eingeweiht und unterstützte die Priesterinnen und Druiden bei ihren Ritualen.

Lancelot

Öffne den Käfig deines Herzens!

Botschaft: Ritter Lancelot tritt durch die Nebel an deine Seite, um dir die Kraft und den Mut zu schenken, den Schild zu lösen, den du um dein Herz gelegt hast. Denn mit diesem Schild verwehrst du anderen die Chance, sich mit dir auf Seelenebene zu verbinden, und du nimmst dir selbst die Möglichkeit, dich tiefer Liebe, Freundschaft und Verbundenheit hinzugeben. Lancelot spricht zu dir: »Auch ich trug einst diesen Schild, weil ich glaubte, mit ihm nicht mehr verletzt zu werden. Ich glaubte, dass die Sehnsucht mich nicht zerreißen konnte und ich nicht mehr die anschmachten musste, die ich nicht haben konnte. Jedoch nahm ich mir damit auch die Möglichkeit, dass mir eine andere Person, ein anderes Wesen, ein Augenblick oder ein Ort unter die Haut gehen konnte. Ich fühlte mich taub und abgeschnitten von mir selbst.« Auch wenn uns die Sehnsucht unerwünschte Schmerzen bringt, weißt du, dass du dich auf tiefer Seelenebene verbinden kannst. Sei dankbar dafür, dass du in der Lage bist, dieses Gefühl zu leben. Doch nun ist es Zeit, das berauschende Gefühl zu nutzen – nicht um dein Herz in einen Käfig zu legen, sondern um deine Leidenschaft für neue Dinge entflammen und deinen inneren Funken sprühen zu lassen. Die Zeit der Traurigkeit und Zerrissenheit stand dir zu, doch Lancelot ist nun zu dir gekommen, um diese Wunden zu heilen. Du darfst dich von diesen Gefühlen befreien, um dich dem zuzuwenden, was du dir wünschst und was dir Seelenheil und Segen bringt.

Info: Lancelot war einer der berühmtesten Ritter der Tafelrunde und der engste, treueste und beste Freund von König Artus. Er wuchs in Avalon auf und wurde von Viviane, der Herrin vom See und Hohepriesterin, aufgezogen. Lancelot steht für Mut, Ehre, Kraft und Unerschrockenheit. Die Legende besagt, dass er eine uneingeschränkte und immerwährende Liebe für Guinevere, die Ehefrau von König Artus, empfand. Um dieses Verlangen zu bekämpfen, zog er aus, um einen Drachen zu töten, und kehrte mit einer Ehefrau an Artus' Hof zurück. Aufgrund seiner Liebesbeziehung mit der Königin war es ihm nicht erlaubt, nach dem Heiligen Gral zu suchen. Jedoch ist er die Schlüsselfigur in allen Sagen und Legenden um König Artus. Sein Sohn Galahad war der Auserwählte, der die Suche nach dem Heiligen Gral zum Abschluss bringen sollte.

Lichtbringender Hirsch

Sei, der du bist, und nicht, der du warst!

Botschaft: Der lichtbringende Hirsch möchte dich daran erinnern, dass nur zählt, wer du jetzt in diesem Augenblick bist, und nicht, wer oder was du warst. Er erinnert dich daran, nicht in der Vergangenheit oder das Leben eines anderen zu leben, sondern dir bewusst zu machen, was du möchtest und wer du wirklich bist. Aus vergangenen Erlebnissen solltest du deine Schlüsse ziehen. Der Hirsch bittet dich, dein Licht jeden Tag hell leuchten zu lassen und dich zu fragen, wer du in diesem Augenblick bist. Egal, was in deiner Vergangenheit war, welchen Job du hattest, welche Noten du geschrieben oder welche Entscheidungen du getroffen hast, alles, was zählt, ist die Person, die du in diesem Augenblick bist. Du bist ein hell strahlendes Licht, und es gibt keinen Grund, dich mit dem, was gestern war, zu schmücken. Werde dir bewusst, worauf du wirklich angewiesen bist, und löse dich mit der Kraft und dem Licht des Hirschs aus möglichen Abhängigkeiten. Du hast keine Kontrolle mehr über das, was vergangen ist, aber du kannst dich auf das JETZT konzentrieren – das ist alles, was in diesem Moment zählt. Folge deinen Impulsen, und lasse dein Ego verstummen. Schließe Frieden mit dem, was war, lasse los, und gestalte jeden Tag aufs Neue, jedoch lerne auch aus dem Vergangenen, um deinem Pfad lichtvoll Schritt für Schritt, erfüllt, beflügelt und glücklich folgen zu können.

Info: Der Hirsch ist ein Begleiter Avalons, ein heiliges Tier der Priesterinnen und Druiden und ein Zeichen der Großen Göttin. Er ist Sinnbild für Würde, Intuition, Führung, Einweihung, Fruchtbarkeit und den heiligen, kraftvollen Raum der Natur. Er ist unterstützender Begleiter und Toröffner in andere Dimensionen und in die Lichtwelt. Sein Geweih symbolisiert die Verbindung zum Licht und erinnert uns daran, uns an der höchsten Schwingung auszurichten und die Energie und das Vertrauen zu halten. Es gibt, außer dem Fuchs, kaum ein anderes Tier der Kelten, das so anpassungsfähig und so weitverbreitet ist wie der Hirsch. Er unterstützt und begleitet uns auf unserem Seelenweg und hilft uns dabei, unser Licht hell strahlen und funkeln zu lassen. Sein Geweih wird bis heute in vielen schamanischen Kulturen benutzt, um sich mit Kraft, Licht und Vertrauen aufzuladen und schwere Energien zu transformieren. Durch Aufzeichnungen aus dem Mittelalter wissen wir, dass der Hirsch ein Symboltier Jesu Christi war, er steht somit nicht nur bei den Kelten für Loslassen und Neuausrichtung.

Lichtvoller Hase

Möge das Glück mit dir sein!

Botschaft: Die Göttin schickt dir ihren Glücksboten, den Hasen, damit du aufatmen und ihren Segen empfangen kannst. Der Hase möchte dich daran erinnern, dass du dein Leben durch eine positive und bejahende Haltung selbst Richtung Glück lenken kannst. Dir stehen viele Pfade offen, um deinem Leben eine glückliche Wende zu geben. Der Hase schickt dir die Botschaft, dass auch du Glück verdient hast. Lasse den Nebel der schweren, beängstigenden und traurigen Gefühle aus dir weichen, und mache dich für eine glückliche Wende bereit. Konzentriere dich auf das, was du bis jetzt erreicht hast, was dir Wunderbares widerfahren ist sowie auf die Stellen deines Weges, an denen dir das Glück schon hold war, auch wenn es sich vielleicht nur um einen kleinen Augenblick handelte. Werde dir bewusst, wofür du dich glücklich schätzen darfst. Erlebe, dass dein Glück nicht von äußeren Umständen abhängt, sondern allein von dir, deiner Einstellung und deiner Sichtweise auf die Welt. Der Hase möchte dein Begleiter sein, damit du dich leicht, losgelöst und ausgeglichen fühlen kannst sowie um dein eigenes Glücksgefühl zu verstärken und deinen inneren Funken noch heller leuchten zu lassen. Spüre, wie deine Seele sich vom Glück treiben lassen kann und du dich dadurch selbst mit neuer positiver Energie auffüllst. Schenke dir selbst das Glück deiner gelebten Talente.

Info: Der Hase ist ein heiliges Tier der Druiden und wird darüber hinaus mit der Großen Göttin, aber auch mit Ostara in Verbindung gebracht. Eine Hasenfigur ist der keltischen Mythologie nach ein Liebespfand und zieht die wahre Liebe an. Der Hase stellt Kontakt zur eigenen unsterblichen Seele her. Wenn er uns in einer Vollmondnacht des Frühlingsbeginns begegnet, dann schenkt er uns Glück für das kommende Jahr. Der Hase steht für Glück, Heilung, inneres Gleichgewicht, Kraft der Nacht, Kreativität, Licht in der Finsternis, Wachsamkeit, Beweglichkeit, Sanftheit, Wachstum, Wiedergeburt und Unsterblichkeit. Er ist ein Wegweiser Avalons. Er stärkt die Intuition. Besonders im Frühling ist er ein Symbol für fruchtbare, lebendige, junge Lebenskraft – und im Sommer und Herbst steht er für eine reife, gute und saftige Ernte. Das alles sind Attribute der Großen Göttin. In Glastonbury kann man keinen Schritt tun, ohne über einen Hasen zu stolpern.

Lugh

Beschränke dich nicht, und folge dem Pfad deiner Leidenschaft!

Botschaft: Lugh ist ein Gott der vielen und verschiedensten Talente. Er tritt an deine Seite, um dich zu fragen, was deine Fähigkeiten sind! Worin bist du richtig gut? Egal, was es sein mag, was lässt deinen inneren Funken sprühen? Erkenne, wo deine Leidenschaft liegt. Spüre, dass dir dein müheloses Geschick, etwas zu bewältigen, Ruhe, Vertrauen und Selbstsicherheit schenkt. Lugh möchte, dass du erkennst, dass du dieses Vertrauen und die Selbstsicherheit auf alle anderen Bereiche deines Lebens übertragen kannst. Aber es ist auch wichtig, zu erkennen, dass die Zeit nicht stillsteht und es immer wieder etwas Neues zu lernen, zu erleben und zu erfahren gibt oder du zumindest dein Wissen und Können vertiefen kannst. Lasse dich auf dem Pfad des Wandels und der Neuausrichtung von Lugh begleiten. Durch seine Anwesenheit wird dir bewusst, dass du nicht nur an einer Sache festhalten musst, sondern du dich vielseitig orientieren kannst. Aber achte darauf, dass du dich nicht verzettelst. Lasse deine Talente erblühen, und wage neue Schritte. Wissen, Leidenschaft und Bestimmung sind wichtige Pflastersteine auf deinem Weg. Du hast die nötige Unterstützung, um deinen leuchtenden Pfad zu gehen. Folge dem Weg, den du am meisten liebst und der dich am wenigsten einschränkt. Genieße deine einzigartigen Talente!

Info: Gott Lugh, der Leuchtende, stellt mit seinem Speer ein Symbol des Lichts, der Sonne und des Sieges über die Dunkelheit dar. Da seinem Großvater einst prophezeit wurde, dass sein Enkel ihn töten würde, versteckte dieser seine Tochter Ethlinn, damit sie ihm keine Enkel gebären konnte. Doch durch seine druidische Zauberkunst gelang es Lughs Vater, in den Kristallturm einzudringen, in dem Ethlinn gefangen gehalten wurde. Als Lugh geboren war, wurde er von seinem Großvater verstoßen und von der Göttin Tailtiu aufgezogen. Lugh ist ein Gott der vielfältigen Fähigkeiten. Er ist Schwertkämpfer, Schmied, Harfenspieler und verfügt über das Wissen um die Zauberkunst. Als er einst an den Hof König Nuadas kam, an dem es nur Menschen mit besonderen Fähigkeiten erlaubt war, einzutreten, halfen ihm all diese Fähigkeiten nicht, da sie schon von anderen ausgeübt wurden. Doch Lugh war clever und fragte den Torwächter, ob es am Hofe einen einzelnen Mann gäbe, der all diese Eigenschaften in sich vereine. Als dieser verneinte, durfte Lugh eintreten. Der König erkannte zudem Lughs Kraft und machte ihn zu seinem Nachfolger. Das Jahreskreisfest der Kelten Lughnasadh wurde nach ihm benannt, weil er es zu Ehren seiner Amme Göttin Tailtiu ins Leben rief.

Merlin

Erkenne, dass du deine Träume lenken kannst!

Botschaft: Der Zauberer Merlin winkt dich zu sich ans Feuer und spricht: »Lasse dich vom Rauch der Kräuter und von der Göttin des Feuers einhüllen. Du bewegst dich zwischen den Welten, wenn du von deinen Tagträumen zurück in deine äußere Wirklichkeit schlüpfst. Nimm wahr, dass du immer irgendwie träumst und deinen Träumen Leben einhauchst, egal, ob du nun in einem Tagtraum verweilst oder eine Fantasie gestaltest.« Spüre, dass du alles so lenken kannst, dass deine Träume in die Wirklichkeit treten können. Mache dir bewusst, dass du die einzige Person bist, die sich bei dem, was du erreichen möchtest, Grenzen setzt. Bilder, die du erträumst, haben genauso viel Wert, Kraft und Energie, wie das, was dir vermeintlich in den Schoß fällt. Aber es ist doch so viel spannender und erfüllender, seine eigenen Träume zu lenken und dann die Früchte zu ernten, wenn sie in die Wirklichkeit treten. Was hält dich davon ab, deine Träume in den schönsten und wildesten Formen zu gestalten? Lasse Gedanken wie »Es soll einfach nicht sein«, »Das steht mir nicht zu« oder »Das kann nie geschehen« einfach los. Merlin schenkt dir sein Licht und seine Magie, damit du deine innere Zerrissenheit erkennen und heilen kannst. So, wie du deine Träume lenkst, kannst du auch diese Zweifel loslassen. Träume, und gestalte, denn es steht dir zu. Es gibt keine Grenzen. Merlin tritt an deine Seite, um deine Träume und Wünsche in die Wirklichkeit treten zu lassen. Träumen ist Magie.

Info: Merlin gilt als der berühmteste und größte Zauberer aller Zeiten. Er war eine der Schlüsselfiguren der Artussage. Es gibt keinen Magier, der im Wandel der Zeit mit so vielen Geschichten vertreten war wie er. Merlin war Alchemist, Weiser, Wissender, Druide, Vertrauter, Lehrer, Seher, Bewahrer des Wissens, Hüter, geistiger Führer, Botschafter und so viel mehr. Besonders für König Artus war er Freund, Berater und Helfer. Er soll das Schwert Caliburn in einen Stein getrieben haben, aus dem es nur Artus als rechtmäßiger König Britanniens wieder herausziehen konnte. Merlin war aber auch Berater Avalons. Er war stets eng mit der Heiligen Insel verbunden und dort immer willkommen. Er öffnete sich für das Licht und strahlte dieses in die Welt hinaus. Er war aber auch ein Schüler von Viviane, die ihn in die Magie Avalons und das geheime Wissen der Insel einweihte. Erst durch dieses Wissen wurde er zu dem bedeutenden Zauberer, von dem wir bis heute sprechen.

Mordred

Löse auf, was deine Seele unnütz bindet!

Botschaft: Mordred tritt an deine Seite, um dich von wiederkehrenden Themen zu befreien. Hast du das Gefühl, dass du immer wieder an dieselbe Aufgabe herangeführt wirst? Spürst du, wie du einen kleinen Stolperstein immer wieder mitnimmst, obwohl du achtsam mit dir bist? Spürst du, dass du an eine Vorstellung gebunden bist, die gar nicht zu dir gehört? Vielleicht hast du ganz unbewusst oder in einer früheren Inkarnation ein Gelübde, einen Schwur oder einen Eid abgelegt oder einen Vertrag geschlossen, der dich heute straucheln lässt. Jetzt ist der Moment gekommen, dich davon zu befreien. Mordred möchte dich von unnützen Banden und Versprechungen lösen. Es ist nicht wichtig, wie und warum es dazu gekommen ist. Wichtig ist nur, diese jetzt aufzuheben, damit du dich wieder frei und unbelastet fühlen kannst. Nimm dir einen Moment, und sprich das nachfolgende Dekret dreimal laut aus, spüre nach, wie es dir geht, und trinke einen großen Schluck Wasser, damit dein Körper alles loslassen kann. Du kannst die Worte ändern, wenn sie dir nicht stimmig erscheinen und deine Engel dazu rufen: *»Ich, … (dein Name), rufe den strahlenden göttlichen Funken, der in allem leuchtet, mir den Weg zu weisen, und bitte ihn, mir zu helfen und mich von allen Energien, die mich* *blockieren und mir nicht mehr nützen, zu befreien. Im Namen allen Lichts verfüge ich jetzt über mein Recht, über mich selbst zu bestimmen, für dieses Leben und für alle anderen, mit denen ich über das Band des Schicksals verbunden bin, auf dass alle schweren Energien und auch das, was außerhalb meines Bewusstseins liegt, jetzt in der Quelle des Lichts aufgelöst und in leichte und leuchtende Energien verwandelt werden. Ich entbinde alle Energien, die dieser Schwere noch gedient haben. Ich fühle mich vollkommen leicht und frei von allem!«*

Info: Der Ritter Mordred ist einer der umstrittensten Figuren der Artussage. Unklar ist, ob er der Sohn des Königs der Orkneyinseln und seiner Frau Morgause war oder der Liebe zwischen der Großen Göttin und dem Hirschkönig entsprang, die in der Beltane-Nacht von Morgaine und König Artus verkörpert wurden. Mordred kam mit einer schweren Bürde auf die Welt, denn Merlin weissagte, dass er eines Tages Artus' Thron besteigen würde. Um die Prophezeiung erfüllen zu können, verriet er Artus. In der Schlacht von Camlann standen sich beide als Kontrahenten gegenüber. Hier wurde Artus tödlich von Mordred verletzt, weil jener seine magische Schwertscheide nicht bei sich trug, doch auch Artus schaffte es, Mordred tötlich zu verwunden.

Morgaine

Avalons leuchtende Liebe sendet dir eine Botschaft!

Botschaft: Spüre deine Verbindung zu Avalon und dem Wissen der Priesterschaft. Morgaine sendet dir die Nachricht, dass die leuchtende Liebe Avalons dir zur Seite steht, um Schmerz, Trauer, Wut und Angst zu überwinden. Morgaine schenkt dir jetzt ihre bedingungslose Liebe. Mit Liebe können wir alles überwinden, sie ist immer da, in jedem Augenblick. Sie ist nichts, was starr, unflexibel oder dogmatisch ist, sie gehört niemandem und hält nichts fest. Sei verliebt in die Liebe, denn in deinem Herzen liegt der Funke, der dein inneres Feuer entzündet. Die leuchtende Liebe durchdringt dein ganzes Wesen. Sie hilft dir, dein inneres Feuer wahrzunehmen und dieses hell und strahlend leuchten zu lassen. Vielleicht kündigt sich eine neue Liebesverbindung oder eine neu aufflammende Liebe an. Morgaine zeigt dir, dass du allein um der Liebe willen lieben darfst und so Liebesverbindungen neu ausrichten oder neue Verbindungen knüpfen kannst. Spüre, wie die leuchtende Liebe in allem schwingt – auch in dir. Sei dir gewiss, eine Nachricht ist auf dem Weg zu dir.

Info: Morgaine ist eine der bedeutsamsten Frauen in der Geschichte um Avalon und die Artussage. Sie war Priesterin, Schwester, Fee, Göttin, Mutter und liebende Frau. Kaum eine Frauenfigur hat im Laufe der Jahrhunderte so eine große Wandlung durchgemacht. Gleichwohl ist ihre Geschichte noch immer eine der präsentesten und greifbarsten Geschichten der keltischen Mythologie. Ihre Eltern waren Igraine und der Herzog von Cornwall Gorlois, ihre Halbschwester war Presine und ihr Halbbruder König Artus. Als Morgaine alt genug war, verließ sie den Hof ihrer Eltern, ging auf die Heilige Insel und wurde zur Priesterin Avalons ausgebildet. Morgaine war die Priesterin, die sich im Laufe ihrer Ausbildung das größte Wissen angeeignet hatte. Sie hatte genaue Kenntnisse über Rituale, Mythologie, Gesetze, Elemente, Weissagungen und eine tiefe Verbindung zum Land, aber auch zu den Göttern. Zudem hatte sie die Fähigkeit, sich in einen Raben zu verwandeln. Sie galt als eine Geisterfrau und Weissagerin, das Wohl Avalons und die Liebe zur Großen Göttin waren ihre Herzensaufgaben. Morgaine ist bis heute ein Sinnbild für Verantwortung, Kontakt zu sich selbst und zur Lichtwelt, Frieden, Intuition, Urteilsvermögen, Vorahnungen, Prophezeiungen, Visionen, Wissen und Angebundenheit an andere Dimensionen und Lichtwelten. Sie weiß, wie man Energien mit der Liebe lenkt.

Morgause

Hinter dem Spiegel liegt dein wahres Selbst!

Botschaft: Morgause winkt dich liebevoll zu sich. Sie hält die Heilige Schale Avalons in Händen, in der du dich spiegeln kannst, und spricht zu dir: »Betrachte deine wundervolle, schöne und magische Seite, aber erkenne auch, dass es eine traurige und verletzliche Seite in dir gibt. In jedem von uns ist alles enthalten. Versuche, keine der Seiten zu verstecken oder über diese zu urteilen.« Indem Morgause dir all deine Seiten zeigt, kannst du erkennen, wer du wirklich bist. Wenn du eine deiner Seiten oder Muster oder einen inneren Schmerz verleugnest, gibst du diesen die Macht, über deinen inneren Funken und dein Sein zu bestimmen. Morgause ist in dein Leben getreten, um dir zu helfen, deine Wunden zu heilen, deine Narben anzuerkennen und zu lernen, diese zu ehren. Sie schenkt dir die Kraft, deinen Blickwinkel zu ändern, damit du erkennst, dass du ein strahlender Funke bist. Sie fragt dich jedoch auch: »Wo und in wem kannst du dich spiegeln? Was erkennst du in einem anderen, was du auch in dir trägst? Hat die Situation, die dich vielleicht gerade aufbringt oder verletzt, wirklich etwas mit dir zu tun? Oder wird dir gerade etwas übergestülpt?« Schaue dir dein Gegenüber genau an und frage dich, warum du dies jetzt gerade tust! Schaue dich um, prüfe die Resonanz in dir, ziehe Grenzen für dich, und lasse deinen inneren Funken alles hinwegschmelzen, was nicht zu dir gehört. Jedoch lasse ihn auch all diejenigen segnen, denen du womöglich etwas übergestülpt hast und von denen du etwas lernen durftest. Morgause rät dir: »Achte auf dich, erkenne dich, und sei ein Spiegel der Liebe.«

Info: Es gibt verschiedene Varianten der Legende von Morgause, jedoch ist sie in jeder von diesen blutsverwandt mit König Artus und wurde wie Igraine und Morgaine auf der Heiligen Insel ausgebildet. Sie hatte ihren eigenen Kopf, eine Leidenschaft für jüngere Männer und zog Mordred, den Sohn von Morgaine, als ihren eigenen auf. Sie war mit dem König von Orkney verheiratet und hatte dazu vier eigene Söhne, die alle einen Platz an der Tafelrunde hatten und im Dienst von König Artus standen. In der Heiligen Schale, die zum Schatz Avalons gehörte, konnte sie die Zukunft, Gegenwart und Vergangenheit sehen. Dadurch verfügte Morgause über das Wissen um ihr eigenes Schicksal sowie das ihrer Mitmenschen, konnte aber auf diese Weise auch durch das »Fenster« in die Lichtwelten und in andere Dimensionen blicken.

Novizin

Der nächste Schritt des Wandels steht bevor!

Botschaft: Die Novizin reicht dir mit leuchtenden Augen die Hände und flüstert dir zu: »Wage den nächsten Schritt, denn es liegt ein Neuanfang in der Luft. Sei neugierig auf das, was vor dir liegt, und lasse dich nicht abschrecken von Herausforderungen oder neu gesteckten Zielen, denn dies bringt dich deinem Seelenweg näher. Aber achte darauf, dass du die Dinge nicht leichtsinnig oder achtlos angehst, sondern sie von allen Seiten betrachtest.« Jetzt bricht eine Zeit der Selbstverantwortung an. Neue Ideen, Ziele oder Aufgaben können dich für einen Moment hilflos fühlen lassen, jedoch steht die Novizin schützend an deiner Seite und möchte dich bei all deinen Schritten unterstützen. Sie möchte dir das Gefühl geben, dass du dies in der Gemeinschaft Avalons tust, und dir zeigen, dass du alle Ressourcen in dir trägst, die du brauchst. Spüre, wie die Novizin an deine Seite tritt und du dich augenblicklich mutiger und tatkräftiger fühlst. Prüfe, was dich vom nächsten Schritt bisher noch abhält. Was genau macht dir Sorgen? Stehst du dir mit deinen Überzeugungen vielleicht selbst im Weg? Die Novizin möchte dich daran erinnern, dass es nicht darum geht, es anderen recht zu machen, sondern dass du alle Freiheiten hast, deinen eigenen verschlungenen Weg zu gehen.

Info: Avalon war ein Ort des Lernens und des Lehrens, ein Ort, an dem die Geheimnisse der Natur und der Magie gemeistert, Heilkünste und Kräuterkunde angewandt und ein großes Netz an Verbündeten geschlossen wurde. Es war ein Ort, an dem viele Gelehrte, Druiden und Priesterinnen bereitwillig ihr Wissen teilten, Rituale gefeiert wurden und die jungen Novizinnen ihre Kenntnisse über die Elemente vertieften. Ein Ort, an dem man den Göttinnen und Göttern so nah war, dass selbst die jüngste Novizin schon mit diesen in Kontakt treten konnte. Hier konnten junge Mädchen, die den Ruf vernahmen, zur Priesterin ausgebildet werden, neue Freundschaften und Verbindungen knüpfen und lernen, füreinander da zu sein. Eine Schwesternschaft entstand, verbunden durch die Kraft der Großen Göttin und verbunden in ihren Herzen. Jedes Mädchen, egal, aus welchem Stamm, durfte dem Ruf eigenständig folgen und wurde so lange auf der Insel ausgebildet, wie es das Mädchen selbst für richtig hielt. Es durfte dann, wenn es wollte, auf der Insel bleiben oder in seine Gemeinschaft zurückkehren, um hier sein erlerntes Wissen zu teilen.

Ostara

Sei ungezähmt weise!

Botschaft: Die Göttin Ostara tritt aus den Nebeln Avalons hervor, um dich an die Hand zu nehmen und dich an den einzigartigen und wilden Funken in dir zu erinnern. Ostara möchte diesen Funken sprühen sehen und dir dein entfesseltes inneres Glühen bewusst machen. Es geht nicht darum, in Rage zu geraten oder zornig zu werden, sondern darum, deine inneren Begrenzungen sowie den Gedanken, was andere denken oder erwarten könnten, einfach über Bord zu werfen und anzufangen, deine wilde Seite zu leben. Dieser leidenschaftliche Funke strahlt hell und spürbar, wenn du es zulässt. Es ist deine Aufgabe, dein Licht, dein Wesen und deine Einzigartigkeit wahrhaftig strahlen zu lassen. Was hält dich davon ab, für das zu kämpfen, zu sein oder das zu erreichen, was du möchtest? Beginne heute, und lasse Ostara deine Begleiterin sein, damit du deine inneren Dämonen bekämpfen und dich frei fühlen kannst. Ostara umhüllt dich mit ihrer Energie und gibt dir die Kraft, deinem Weg weise zu folgen, damit du zum Held oder zur Heldin in deinem Leben wirst. Ostara unterstützt dich aber auch in Situationen, in denen du das Gefühl hast, gegen Windmühlen zu kämpfen, ob es nun innere Schlachten sind oder du in deinem Umfeld immer wieder Unruhe und Streit erfährst. Ihre Energie verleiht dir den Mut, dich aus den Verstrickungen von Streit, Kampf und Ablehnung zu lösen. Entfesselt sein Leben zu gehen, heißt auch, nicht an alten Fehden zu hängen, sondern den eigenen Weg unbeeindruckt und zielstrebig zu gehen.

Info: Die Göttin Ostara ist eine Frühlingsgöttin und steht für Fruchtbarkeit, Liebe, Leben, Mut und Kampfkraft. Ostara entfacht unseren inneren Funken neu und lässt ihn glühen. Der Sage nach kämpft die Göttin in jedem Frühjahr mit ihrem magischen Stab oder Speer gegen den Winter und besiegt ihn erfolgreich, um dann die Natur erwachen und wieder aufblühen zu lassen. Dunkelheit und Kälte werden verjagt, die Sonne erwärmt die Erde, und alles kann anfangen, zu wachsen. Frühlingsgefühle werden durch sie erweckt, und die Natur wird entfesselt. Von den Kulturwissenschaften wird zwar bezweifelt, dass die Göttin wirklich den Namen Ostara getragen hat, jedoch wurde zu Zeiten Avalons eine Göttin geehrt, die die Natur wieder hat aufblühen lassen und die für die aufsteigende Kraft der Sonne, des Lichts und der Wärme verehrt wurde.

Presine

Lasse dich vom Ärger nicht besetzen!

Botschaft: Presine nimmt dich an die Hand und flüstert dir zu, dass dein Ärger vollkommen gerechtfertigt ist, jedoch hilft er dir nicht, sondern bremst dich aus und beeinflusst deine Gedanken. Lasse den Ärger über eine Person oder Situation nicht dein Leben bestimmen. Sonst kannst du nicht mehr kreativ, frei und unbelastet sein, sondern wirst immer von diesem Gefühl begleitet. Die betreffende Person weiß vielleicht gar nicht, dass sie dich verärgert hat, oder nimmt es nicht wahr, sie ist ganz frei und unbefangen, du jedoch hängst fest in deinem Ärger. Mache dir bewusst, dass du noch einen Moment hast, um dich zu ärgern, und dann lasse los. Ein Gefühl von Freiheit und Zufriedenheit durchflutet dich. Rege dich nicht auf, lasse keinen Missmut aufkommen, werde nicht wütend oder traurig, denn dies hat nichts mit dir zu tun, du bist in diesem Moment lediglich die Person, die die Schwingung aufgenommen hat. Erkenne diese Schwingung, und übergib sie Mutter Erde, sie transformiert sie für dich. Spüre, wie du ohne den ganzen Ärger und die Wut leichter wirst. Rufe Presine an deine Seite, wenn neuer Ärger aufkommt, sie unterstützt dich dabei, mühelos durch die schweren Stromschnellen des Lebens zu gleiten. Wenn du aufhörst, Dinge persönlich zu nehmen, können die negativen Gefühle von dir abprallen. Es geht nicht darum, deinem Gegenüber zu verzeihen, sondern darum, besser mit solchen Situationen umzugehen. Das soll nicht heißen, dass du aus diesem Umstand nichts lernen und deine Konsequenzen daraus ziehen sollst, jedoch bleibe frei und unbelastet.

Info: Presine, eine der Töchter Avalons, ist eine Meerjungfrau mit Engelsflügeln. Sie ist die Halbschwester von Morgaine, und diese wiederum ist die Schwester von König Artus. Außerhalb des Wassers hat Presine eine feengleiche Menschengestalt. Einst heiratete sie einen König, der ihr versprechen musste, sie nie beim Baden zu stören. Jedoch liebte der König Presine sehr. Während ihrer Schwangerschaft überraschte er sie. Als er sie in ihrem Meerjungfrauenkörper sah, hatte er weder Angst, noch erschrak er darüber. Presine aber war so voller Wut über den Bruch seines Versprechens, dass sie nach Avalon floh. Hier gebar sie Drillinge, Melusine, Melior und Palestine, die in Avalon aufwuchsen und ausgebildet wurden. Ihre älteste Tochter Melusine konnte sich im Wasser ebenfalls in eine Meerjungfrau verwandeln. Der Ärger und die Enttäuschung über den Verrat des Vaters veranlassten die Töchter, nach Jahren an ihm Rache zu nehmen, was zur Folge hatte, dass Presine sie verwünschte.

Rhiannon

Lasse los, und erlebe die Verbindung zu allem Sein!

Botschaft: Die Göttin Rhiannon tritt heute an deine Seite, um dir zu helfen, loszulassen, dich der liebenden Allverbindung zu öffnen und dein ganzes Potenzial zu erkennen. Sie berührt dein Sein. Erlebe die Freiheit dieses göttlichen Moments. Du kannst mühelos durch Raum und Zeit gleiten und bist doch ganz bei dir. Dieses Gefühl begleitet dich, wenn du komplett loslässt, den Moment nicht steuerst und die Zügel durch deine Finger gleiten lässt. Dann überkommt dich ein Gefühl der absoluten Zufriedenheit, Freude und Ekstase. Dieses verzückende Gefühl, sich einen Moment aufzulösen und doch vollkommen zu sein. Das ist die Energie, in die dich Rhiannon einhüllen möchte, damit du mühelos die Nebel lüften kannst und den Zustand der ewigen Freude erlebst, in dem die Seele sich nicht mehr örtlich gebunden fühlt, sondern in eine erweiterte, erhöhte Wahrnehmungsebene kommt. Vergangenheit, Gegenwart und Zukunft lösen sich auf, und du gleichst dich mit einer höheren Ebene des Bewusstseins ab. Rhiannon fordert dich auf, dich von allen dich bindenden Regeln zu befreien, die du dir selbst auferlegt hast. Halte inne, und mache dir klar, wann du das Gefühl von Freiheit und Freude erlebst. Was macht dich frei? Was hindert dich daran, dich frei zu fühlen? Es geht nicht darum, von einem Extrem ins nächste zu rutschen, sondern ein Gleichgewicht in deinem Leben und dir selbst zu schaffen und das zu erlauben, was dich frei und mit allem verbunden fühlen lässt. Du bekommst ein Gespür dafür, wann es Zeit ist, loszulassen und abzugeben, und wann, die Zügel in die Hand zu nehmen. Dies schenkt dir Reinigung, haucht deinem Leben neue Möglichkeiten ein und lässt dich deine Situation aus einer anderen Perspektive erleben.

Info: Rhiannon ist die Pferde- und Mondgöttin, aber auch die göttliche Herrin oder große Königin. Sie reitet auf einem weißen Pferd, und ihre Zaubervögel sind Boten aus der Lichtwelt. Sie ist die Göttin der Schönheit und der Liebe. Sie war einem Mann versprochen, den sie jedoch nicht liebte, und entschied, stattdessen einen sterblichen Prinzen zu heiraten. Der Prinz verliebte sich sofort in sie, als sie das erste Mal an ihm vorbeiritt und jagte ihr hinterher, konnte sie jedoch nicht einholen. Als er aufhörte, ihr hinterherzujagen und sie stattdessen höflich ansprach, erklärte sie ihm, dass sie ihn in einem Jahr heiraten wolle. Sie bekamen einen Sohn. Rhiannon gab für die Liebe ihr Leben in der Lichtwelt auf und bekam ein neues geschenkt. Drei Gegenstände werden mit ihr in Verbindung gebracht: der Kamm, der Spiegel und die Muschel.

Schwert der Bestimmung

Dein Ziel ist nahe!

Botschaft: Das Schwert wählt seinen Besitzer. Indem du es annimmst, erfüllst du einen Teil deiner Bestimmung. Es schenkt dir die Kraft, die Stärke und den Mut, furchtlos deinen Weg zu gehen, neue Aufgaben zu meistern und dein Ziel ins Auge zu fassen. Die Vergangenheit kann dich beschweren. Du kannst nun mithilfe des Schwertes alte Zöpfe abschneiden und im Hier und Jetzt deinen Pfad neu ausrichten. Die Gegenwart ist nur ein Wimpernschlag, und es ist für dich an der Zeit, Klarheit und Neues zu schaffen. Werde dir bewusst, was du wirklich möchtest, wohin du gehen willst und dass du nichts mehr hinauszögern musst. Nutze deine Chancen, lasse sie nicht vorübergehen, lasse das Schwert dir helfen, dich klar zu entscheiden und deine Richtung einzuschlagen. Spüre, wie mit dem Schwert in der Hand das Wissen in dir geweckt wird, dass du den Weg schon lange kennst. Unentschlossenheit, Zögern oder auch Ungeduld verlangsamen dich nur. Lasse dich von der Kraft deiner Bestimmung leiten, auch wenn es Kompromisse kostet. Du bist die Person, die das Schwert aus dem Stein gezogen hat, und du hast die Kraft, deinen göttlichen Funken Richtung Glück zu lenken. Stelle dir das Schwert zur Seite, wenn du dich richtungslos fühlst oder deine Gedanken verworren sind. Dann löse die Knoten mit dem Schwert, und spüre deine Führungskraft. Das Wohl anderer solltest du dabei nicht ignorieren. Deine Aufgabe ist es, das Schwert in Frieden zu führen und zu erkennen, wann es sinnvoll ist, mit aller Macht und Stärke für deinen Weg zu kämpfen, und wann es klüger ist, es in der Scheide zu lassen und abzuwarten. Das Schwert schenkt dir auch in extremen Momenten die Kraft, ruhig und gelassen zu bleiben.

Info: Das Schwert, das Artus aus dem Stein zog, ist einer der sagenumwobenen Gegenstände der Kelten. Merlin soll das Schwert Calibrun mit seiner Magie in dem Stein verankert haben, und erst der rechtmäßige König, der das Land von Feinden befreien, ihm Frieden, Fülle und Wohlstand bringen und es wieder vereinen würde, würde dieses Schwert aus dem Stein ziehen können. Dies war Artus, und es machte ihn zum rechtmäßigen König Britanniens. Calibrun zerbrach in seinem ersten Kampf gegen Eindringlinge, aus diesem Grund schenkte ihm die Hohepriesterin das Schwert Excalibur, das Artus unbesiegbar machte. Artus verpflichtete sich damit, den alten Weg der Göttin immer zu ehren. Dazu erhielt er von Morgaine eine Schwertscheide, die ihn unverwundbar machen sollte.

Sinnlicher Schwan

In der Ruhe liegt der Fluss!

Botschaft: Der Schwan gleitet durch die Nebel zu dir um dir zu sagen, dass du innehalten darfst, um dich umzuschauen und die Situation aus verschiedenen Perspektiven zu betrachten. Habe keine Eile, versuche nicht, etwas mit Gewalt nach vorne zu bringen, lasse die Dinge zu dir fließen, und erlaube, dass die Lösung mühelos zu dir kommt. Der Schwan ist heute an deine Seite geschwommen, um dir bei all deinen Herzensthemen zuzuhören und dir zu sagen, dass die Antworten oft an den unspektakulärsten Orten gefunden werden können. Schwimme mit dem Schwan im See Avalons, fühle die Strömungen, die Bewegung über und unter Wasser, tauche unter die Oberfläche, lehne dich einfach zurück oder fliege mit ihm. Der Schwan ist Meister der Elemente und hat eine tiefe Verbindung zur Großen Göttin und zu Avalon. Er möchte dich ermuntern, dein Blickfeld zu erweitern und die Welt mit all deinen Sinnen wahrzunehmen. Dies lässt dich alles besser verstehen – vor allem dich selbst. Öffne all deine Wahrnehmungskanäle, dadurch wird dir ein klareres Erleben geschenkt. Tauche tief in dich hinab, um dich selbst zu erkennen und nur für dich Platz zu schaffen. Dein innerer Funke kommuniziert mit dir. Wie fühlt sich dein Bauchgefühl an? Gibt es einen bestimmten Grund, warum du gerade jetzt nicht abwarten kannst? Was verleitet dich zur Eile? Der Schwan verbindet dich mit deiner spirituellen Energie, damit du mit deiner Intuition, deinem inneren Funken und dir selbst in Verbindung treten kannst. Manchmal braucht es einfach Zeit. Der Schwan schenkt dir die Zuversicht, dass du die Impulse um dich herum richtig deuten kannst. Es gibt für alles eine Zeit und einen Platz. Erlaube dir, dass alles zu dir kommt, was du dir wünschst.

Info: Der Schwan gehört zu den heiligen Tieren Avalons und der Kelten. Für die Druiden war er ein Sinnbild für den inneren Funken, aber auch für Reinheit, Anmut und Schönheit, und für die Priesterinnen war er ein Begleiter der Großen Göttin. Gemeinsam mit ihm kann man in die Lichtwelt reisen, da er die Elemente meistert, indem er auf der Erde gehen, fliegen und schwimmen sowie unter Wasser tauchen kann. Diese Fähigkeiten versuchten die Priesterinnen und Druiden genauso anmutig zu meistern, um die Stimme der Großen Göttin deutlicher zu hören. Aus diesem Grund ist der Schwan auch ein Begleiter der Hohepriesterin, die all dies am mühelosesten gemeistert hat. Es gibt viele Legenden, in denen sich Göttinnen, Götter und Helden in einen Schwan verwandeln oder in diesen verwandelt werden.

Steinkreis

Wahre die Grenzen!

Botschaft: Die Nebel lüften sich, und der Steinkreis Avalons zeigt sich dir. Du bist eingeladen, in den Ring der Kraft und Transformation zu treten. In dem Moment, in dem du gedanklich in den Steinkreis trittst, spürst du, dass alles von dir genommen wird, was nicht zu dir gehört. Es ist nicht wichtig, was dich belastet und schwer gemacht hat, was zählt, ist, dass du es gehen lassen kannst. Lasse mit der Kraft der Steine diese Energie aus deinem System verscheuchen. Erlebe, wie du dich augenblicklich leicht und frei fühlst. Im Steinkreis kannst du alle Hüllen fallen lassen und dir selbst begegnen. Der Steinkreis kann dir aber auch helfen, dich besser abzugrenzen. Es ist die Zeit gekommen, Grenzen zu ziehen. Der Steinkreis besteht aus einzelnen Steinen, die einen Kreis der Kraft bilden, und doch ist er eine in sich geschlossene Einheit, in die man eingeladen werden kann. Deine Grenzen dürfen kraftvoll sein, und trotzdem darfst du in deinen Kreis der Kraft jeden einladen der dir guttut. Es ist jetzt an der Zeit, an dich zu denken und dir klarzumachen, dass du dir durch deine eigenen Grenzen Kraft, Ausdauer und Platz für Inspiration schenkst. Prüfe, wo du stabilere Grenzen ziehen müsstest und an welchen Stellen du aus Angst oder Unsicherheit unnötige Grenzen gezogen hast. Der Steinkreis durchflutet dich mit seiner Kraft, um dir den Mut zu schenken, die Grenze zu ziehen, die dir guttut, und das aufzulösen, was dich befreit. Jedoch frage dich auch, an welchen Stellen du Grenzen deines Gegenübers überschreitest? Gibt es Momente, in denen du übergriffig bist? Werde dir dieser Situationen bewusst, und lasse diese ebenfalls von der Kraft des Steinkreises auflösen. Damit deine eigenen Grenzen gewahrt bleiben, darfst du auf die Grenzen anderer achten und besonnen darauf reagieren. Sei achtsam mit dir, und spüre den Schutz der Steine!

Info: Steinkreise sind ein Teil der Megalithkultur und damit älter als die Kultur der Kelten. Sie sind Kraft- und Kultplätze der alten Zeit und haben bis heute eine magische Anziehungskraft. Sie verbinden das Alte mit dem Neuen, das Göttliche mit unserem göttlichen Funken, den neuen Weg mit dem alten Pfad, aber auch uns mit unseren Ahnen. Sie können Tore zu verborgenen Welten wie Avalon sein. Steinkreise wie Stonehenge oder Avebury haben bis heute überdauert und wurden für Rituale und Zeremonien genutzt. Der Legende nach gab es in Avalon heilige Steinkreise, die als Erstes von den schützenden Nebeln verborgen wurden.

Tafelrunde

Du bist nicht allein!

Botschaft: Die Ritter der Tafelrunde winken dir grüßend zu, denn dein Platz an ihrer Tafel wartet schon auf dich. Du bist hier herzlich willkommen, denn du bist ein Teil Avalons und Camelots. In deinem Herzen spürst du die Verbundenheit durch Raum und Zeit. Dein innerer Funke fängt an zu sprühen, sobald du dich an diesen magischen Ort erinnerst. Gibt es Momente in deinem Leben, in denen du dich allein, abgetrennt oder nicht zugehörig fühlst? Sehnst du dich nach dem Gefühl, dass sich Verbindungen schließen? Die Tafelrunde ist ein Ort, an dem du eine Seelenverbindung spüren kannst, du darfst dich hier ganz angekommen fühlen. Trennung ist eine Illusion, wir sind immer mit allem verbunden. Die Tafelrunde möchte dieses Gefühl in dir wecken. Du kannst dich mit diesem Ort und seinen Rittern immer verbinden, wenn du das Gefühl von Einsamkeit aus dir verbannen möchtest. Spüre, wie dich das Gefühl von Zusammengehörigkeit, Vertrautheit und Ebenbürtigkeit durchflutet. Hier steht kein Ritter über dem anderen, jeder hat dieselben Rechte, und du bist ein Teil davon. Indem du an der Tafelrunde Platz nimmst, erwacht in dir das Gefühl, nach Hause zu kommen – und zwar nicht nach Avalon oder Camelot, sondern in dir selbst. Prüfe die Verbindungen, die du zu Gruppen und Gemeinschaften hast. Schaue, ob diese dir noch dienen oder warum du noch mit diesen verbunden bist? Warum möchtest du zu einer bestimmten Gruppe gehören? Du bist der Einzige, der den Durst nach diesen Verbindungen stillen kann, indem du dich selbst annimmst und dich in dir zu Hause fühlst. Du brauchst nichts, um dich ganz zu fühlen, denn du bist es schon. Diese Erkenntnis kann dich harmonisieren und dir neue Pfade öffnen, um neue oder tiefere Verbindungen zu knüpfen und damit deine Seelenfamilie weiter wachsen kann. Du bist nicht allein, du hast einen Platz an der Tafelrunde.

Info: Die Tafelrunde ist ein großer, massiver runder Tisch, der einst von Merlin angefertigt wurde. An diesem Tisch fanden bis zu 150 Personen Platz. Er war Bestandteil des Hofes von König Artus und stand in Camelot. Jedes Mitglied der Tafelrunde hatte seinen Platz, und durch einen Zauber Merlins konnte man über den noch unbesetzten Plätzen die Namen künftiger Mitglieder lesen. Artus nutzte diesen Tisch, um sich mit seinen Beratern, Freunden und Rittern zu besprechen, um zu taktieren und zu feiern. Da es an diesem runden Tisch keinen Kopf gab, waren alle gleich, keiner stand über dem anderen, auch der König nicht.

Tailtiu

Lasse pragmatisch deine Flügel schlagen!

Botschaft: Die Göttin Tailtiu tritt durch die Nebel zu dir, um dir zu sagen, dass du Teil von etwas ganz Großem bist. Sie möchte dich wissen lassen, dass du von ihr und dem Göttlichen immer geliebt und beschützt wirst, denn du bist ein Teil von ihr, und sie ist ein Teil von dir. Dein innerer Funke ist ein Diamant, der Gutes in diese Welt bringen darf. Die Göttin Tailtiu sagt dir, dass du mit der Lichtwelt und höheren Dimensionen verbunden sein kannst und dich trotzdem geerdet fühlen darfst. Du kannst »down to earth« sein und zugleich deine Flügel ausbreiten, das eine schließt das andere nicht aus. Beide Aspekte zusammen schenken dir ein unglaubliches und niemals endendes Wissen, denn du hast Zugang zu allem. Hast du manchmal das Gefühl, dass du dir nur das eine oder das andere erlaubst? Dass du entweder nur in höheren Welten schwebst oder ganz tief mit der Erde verbunden bist? Die Göttin Tailtiu reicht dir ihre Hände. Du spürst, wie du tiefe Wurzeln wachsen lassen kannst und zugleich mit den Bildern, Visionen und dem Wissen der höchsten Dimensionen, mit Avalon und den Göttern verbunden bist. Spüre, wie die Weisheit der Erde über deine starken Wurzeln in dich hineinfließt. Habe keine Angst davor, denn du darfst beides sein, geerdet, fokussiert und zugleich in Kontakt mit allem Höheren. Tailtius Energie schenkt dir Stabilität, und zugleich fühlst du dich gelöst und mit allem vereint. Vertraue darauf, dass du deinen Pfad finden wirst, auch wenn dieser noch verborgen scheint.

Info: Tailtiu ist eine Erdgöttin und wird auch als die Große Mutter, die Erde oder Lady Gaia bezeichnet. Sie ist die Amme des Gottes Lugh und schenkt der Welt nicht nur das Heranreifen der Ernte, sondern auch die Urbarmachung der Felder. Aus ihrem Schoß wurde alles Leben geboren, sie gibt alles und nimmt es bedingungslos in ihren Schoß zurück. Darüber hinaus hat sie ein zweites Geschenk für uns: Sie übergibt uns den Samen, der in allem reift, für alle zukünftigen Ernten. Dieser Same ist ein Symbol für pure Magie und das Erkennen der Verbindung mit allem über die eigene Vorstellung hinaus. Dieses Geschenk gibt sie in Form ihres eigenen Todes, denn sie liebt diese Erde so sehr, dass sie ihre Göttlichkeit für uns aufgibt, damit wir wachsen, uns mit allem vereinen und wissen, wie wir ernten können. Mutter Erde ist ein Sinnbild für ihren verstorbenen Leib, der uns nährt, bedingungslos hält und liebt.

Taranis

Chaos bringt dir die ersehnte Veränderung!

Botschaft: Der Gott Taranis stellt sich schützend und unterstützend hinter dich und spricht zu dir: »Vertraue darauf, dass das Wirrwarr, das um dich herum und in dir herrscht, ein Teil des Wandels und Prozesses ist, der Veränderung einläutet. Manchmal müssen die Dinge auseinanderfallen, damit sie sich wieder neu zusammenfügen können. So können deine Wünsche und Sehnsüchte neue Formen annehmen.« Taranis ist für dich da, um dich daran zu erinnern, dass du die Kraft hast, dein Ziel nicht aus den Augen zu verlieren. Es ist schwer, in der Verzweiflung und in den Momenten der Schwere und Dunkelheit fokussiert zu bleiben, aber dein innerer Funke wird dir den Weg weisen. Wenn dich die Emotionen überkommen und du nicht klar sehen kannst, werde still, spüre deinen inneren Funken, er nährt deine Intuition. Taranis flüstert dir sanft zu, dass dies nur ein flüchtiger Moment ist – ein Augenblick der Transformation. Manchmal hilft das Chaos, damit die Dinge auseinanderbrechen und du erkennen kannst, was du wirklich willst und brauchst. Werde dir bewusst, in welchen Momenten deines Lebens du dich selbst durch die Gefühle von Neid, Eifersucht oder auch Hinterhältigkeit ins Ungleichgewicht gebracht hast, und nutze deinen strahlenden, leuchtenden Funken, um diese Gefühle in dir zu wandeln. Auch wenn du das Gefühl hast, dass dir die schweren Emotionen den Boden unter den Füßen wegreißen, spüre, dass dich Taranis hält. Trenne dich von dem, was dich schwer macht und dich runterzieht. Seinen Willen um jeden Preis durchzusetzen, ohne auf die zu achten, die dich in Liebe sehen, kann dich jedoch auch im Chaos versinken lassen.

Info: Taranis ist der keltische Gott des Himmels, des Wetters und des Donners. Sein Name soll auch der »Donnerer« heißen. Er wird häufig mit einem Rad oder Radkreuz dargestellt, jedoch gibt es ihn in späteren Darstellungen auch mit Bart und einem Donnerkeil in seiner Hand. Sein Rad könnte ein Symbol für die Sonne, für den Mond, für die kosmische Weltordnung, aber auch für die Zeit sein. Zudem sollen der Adler und auch das Pferd mit einem menschlichen Kopf zu ihm gehören. Er ist Brückenbauer zwischen den Gegensätzen und wird in Überlieferungen häufig zusammen mit den Göttern Teutatis und Esus genannt. Seine Kraft und Magie lassen uns heute noch bei jedem Donner an ihn denken. Er kann uns daran erinnern, dass wir trotz des Chaos der letzten Jahrhunderte wie (Glaubens-)Kriege, Verfolgungen und Katastrophen noch von ihm hören können.

Tempel der Großen Göttin

Ehre dich, und achte auf dich selbst!

Botschaft: Die Nebel lüften sich, und die Priesterin Avalons führt dich in den Tempel der Großen Göttin. Spüre die Kraft, Schönheit, Liebe und Energie dieses magischen Ortes. Lasse dich von deinen Impulsen führen, und erkunde diesen lichtvollen Ort. Die Priesterin erklärt dir, dass dies nicht nur das Heiligtum der Großen Göttin oder Avalons ist, sondern ebenso ein Widerschein deines eigenen inneren Tempels. Es ist an der Zeit, dich selbst zu ehren. Wenn du es nicht tust, wer dann? Wann hast du das letzte Mal etwas nur für dich getan? Was hast du getan, um dich zu ehren, zu pflegen oder einfach nur dir selbst Zeit zu widmen? Die Priesterin bittet dich, etwas nur für dich zu tun, z. B. ein langes Bad zu nehmen. Atme ganz bewusst, lasse dich mit einer Massage verwöhnen oder ziehe deine Laufschuhe an und bewege dich. Ehre deinen Körper, indem du ihn pflegst. Was hält dich davon ab, dir die Zeit zu nehmen, dich um dich selbst zu kümmern? Nicht noch schnell etwas für jemand anderen zu erledigen, sondern deinen inneren Funken hell strahlen zu lassen? Im Tempel der Großen Göttin brennt ein großes Feuer der Transformation. Löse in diesem all die Ausreden, Schuldgefühle und Blockaden auf, die dich davon abhalten, deinen Körper als göttlich und lichtvoll zu preisen. Dich freizumachen und Transformation zuzulassen, ist einer der ersten Schritte, dich selbst zu ehren. Indem du dich segnest und ehrst, schenkst du dir Erneuerung und Kraft, um die kommenden Schritte zu bewältigen. Die Große Göttin wird nicht nur in Tempeln verehrt, sondern auch in der Natur sowie in jedem Wesen. Werde selbst zu einem Tempel der Großen Göttin und damit zu einem strahlenden Heiligtum für dich selbst.

Info: Die Große Göttin wurde zur Zeit der Kelten in Naturereignissen, in Bäumen, in Sträuchern, in Tieren sowie in Menschen gesehen und verehrt, denn jeder macht die Schönheit der Göttin aus und ist ein Teil von ihr. Sie wurde in Hainen sowie in Steinkreisen oder an Quellen verehrt, aber es soll auch einen Tempel der Großen Göttin in Avalon gegeben haben, der bis heute darauf wartet, mit seiner transformierenden Feuerstelle wieder durch die Nebel zu treten. Die Priesterinnen, die auf der Insel ausgebildet wurden oder dort lebten, wurden in diesem Tempel in die Rituale der Götter eingeweiht. In Glastonbury ist aus der Sehnsucht nach diesem Ort ein Göttinnentempel entstanden, in dem, unabhängig von der Religion, ein jeder willkommen ist, um zu lernen, zu ehren und kreativ sein zu können, aber vor allem um die Göttin seines eigenen Herzens zu ehren.

Teutates

Die, die vor dir kamen, ehren dich!

Botschaft: Der Gott Teutates tritt durch die Nebelschleier an deine Seite, um den Weg zu ehren, den du bis heute gegangen bist. Nimm dir einen Augenblick Zeit um dir klar zu machen, woher du kommst, wie weit du schon gekommen bist, welche verschlungenen Pfade du schon bewältigt, was du gelernt und welche erfolgreichen Schritte du getan hast. Dieses Bewusstsein lässt deinen Weg in Dankbarkeit und Licht erstrahlen. Teutates flüstert dir zu, dass das Licht deiner Ahnen deinen Weg schon immer beschienen hat und deine Ahnen immer an deiner Seite sind. Spüre, wie dich ihr kraftvoller Geist auf deinem Weg begleitet. Verbinde dich mit dem Weg, den du und deine Ahnen gekommen seid. Deine Ahnen wollen dich herausfordern, sie locken dich aus deiner Komfortzone, um dir den nächsten Schritt auf deinem Seelenweg zu schenken. Sie möchten dir helfen, dich weiterzuentwickeln, damit du deinen inneren Funken noch heller, klarer und strahlender leuchten lassen kannst. Löse dich aus alten und schmerzhaften Familienmustern mit der Hilfe von Teutates heraus, und heile so alte Wunden in dir und in deiner Ahnenlinie Indem du dich mit dem kraftvollen Geist deiner Ahnen verbindest, kannst du dich mit Kraft, Licht und Liebe aufladen. Teutates ist stolz, glücklich und berührt darüber, wie du deinen Weg bis heute gemeistert hast. Werde dir dieses wunderbaren Geschenks bewusst.

Info: Teutates ist der Stammesgott der Kelten und wird auch als »Vater aller Stämme« bezeichnet. Er wird mit der Kunst der Weissagung in Verbindung gebracht. Zudem ist er ein Gott des Friedens, der Helden und der Krieger. Er war aber auch Wegbegleiter für die Verstorbenen, um diese sicher auf dem Pfad in die Anderswelt zu führen. Die Römer setzten ihn ihrem Kriegsgott Mars gleich, obwohl er wohl vielschichtiger als dieser zu sein schien. Der Eber oder der Widder waren die heiligen Tiere, die mit ihm assoziiert wurden und die für Kraft und das Licht des Gottes Teutates standen. Viele kennen ihn auch aus den »Asterix«-Comics, die den Ausruf »Beim Teutates!« prägten.

Uther Pendragon

Du bist ein Krieger des Lichts!

Botschaft: Uhter Pendragon streckt dir seine Hände entgegen und spricht: »Ich weiß, dass du den Ruf, dein inneres Licht strahlen zu lassen, schon lange hörst. Du begreifst die Magie des Lebens. Du hast die wundervolle Fähigkeit, für das einzustehen, was dir am Herzen liegt, und zudem spürst du den Herzschlag von Mutter Erde in dir. Du bist bereit, dich selbst zu erkennen und Funken zu sprühen, um deinen inneren Krieger des Lichts zu erwecken.« Deine Seele kennt diesen Ruf. Heute schenkt dir Uther Pendragon den Mut, die Kraft und das Vertrauen eines Kriegers, damit du Bedenken, Ängste und Blockaden überwinden, den Wunsch deines Herzens erfüllen und deine lichtvollen Begabungen fördern kannst. Dann kannst du jeden Tag heller strahlen und mit diesem Strahlen deine Mitmenschen und deine Umwelt positiv ausrichten, genau da, wo du gerade bist. Deine Aufgabe ist es, das Licht in deine aktuellen Lebenskreise zu bringen, damit jeder einzelne Funke sich an diesem Licht und an der Liebe ausrichten kann. Du hast die Zeichen schon lange gesehen, und Uther Pendragon unterstützt dich, deine kommenden Schritte weise zu wählen. Er weiß, dass du so viel mehr verwirklichen kannst, als du dir erträumst. Jeder von uns trägt diesen Krieger des Lichts in sich. Schaue dich um, und berühre deine Mitmenschen mit deinem leuchtenden Blick, damit sie daran erinnert werden, dass auch sie diese Fähigkeiten in sich tragen. Folge deiner Seele auf dem Pfad des Lichts, und sei dabei außergewöhnlich und magisch!

Info: Uther Pendragon war der Vater von König Artus und erschlich sich das Privileg, sich mit Igraine zu verbinden, indem er sich in der Gestalt ihres Ehemannes Gorlois zu ihr legte. Nach Gorlois' Tod machte Uther Igraine zu seiner Frau. Er war ein Krieger, der seinen Stamm, sein Volk und sein Land verteidigte und nur aus diesem Grund kämpfte. Er soll einen Drachen in seinem Banner getragen haben und verschlungene Drachenmalereien auf seinen Handgelenken, die ihm die Kraft und die Magie des Drachen verliehen, bei allem, was er anfasste. Er war nicht nur einer der wildesten, stärksten und besonnensten Krieger der Kelten, er wurde auch auf der Dracheninsel von den Druiden ausgebildet und ging den alten Weg der Götter und Göttinnen. Sein Ziel als König war es, die Inseln vor Eindringlingen zu schützen und das Land friedvoll zu Wohlstand zu führen. Jedoch scheiterte er bei dieser Aufgabe und übergab diese dann seinem Sohn Artus.

Viviane

Sei zielstrebig, und nutze deine Möglichkeiten!

Botschaft: Die Nebel lüften sich, und die Herrin vom See, Viviane, tritt an deine Seite, um dich zu ermutigen, Verantwortung für dich und dein Handeln zu übernehmen. Es geht nicht darum, dein Handeln zu bewerten. Es ist jetzt lediglich die Zeit gekommen, zu erkennen, dass du zu einem Wegbereiter wirst und dass du die Führung in deinem Leben übernimmst. Bei der Verfolgung deiner Ziele unterstützt dich Viviane mit ihrer Energie. Deine Ziele zu erreichen, soll nicht heißen, als Einzelkämpfer durchs Leben zu gehen. Erkenne, dass du um dich herum Hilfe hast, die du weise einsetzen darfst. Schaue genau hin, dich umgeben viele talentierte Menschen, die dir von Herzen gern helfen möchten. Viviane spricht zu dir: »Um dein Ziel zu erreichen, gib Raum frei für Unterstützung, denn in der Gemeinschaft ist es viel einfacher, Großes zu schaffen.« Dies bedeutet nicht, dass das erreichte Ziel damit weniger Wert ist, denn die großartigsten Visionäre wissen, wie sie ihre Kräfte am cleversten nutzen, und holen sich Unterstützung. Viviane flüstert dir zu: »Ein jeder von uns ist fehlbar in seinen Entscheidungen, Wegen und Ideen, selbst ich bin es. Gräme dich nicht deswegen, denn die wahre Größe liegt darin, dass man zu seinen Fehlern steht und einen neuen Weg findet.« Viviane stärkt dein Vertrauen, deine Misserfolge als positive Erfahrungen zu werten, ohne diese Fehler noch einmal begehen zu müssen. Auf diese Weise kannst du dir selbst zielstrebig den Weg zum Erfolg weisen!

Info: Viviane ist die Herrin vom See und die berühmteste Hohepriesterin Avalons. Sie hütet die Schätze Avalons und übergab König Artus einst das Schwert Excalibur und den Heiligen Gral als Pfand. Sie ist die Priesterin, die die Elemente am mühelosesten meistert und den engsten Kontakt zur Großen Göttin hat. Sie trägt ein unglaubliches Wissen in sich, das sie einst Merlin lehrte. Merlin wollte die Kunst der Magie von den Priesterinnen lernen, beide erwählten sich gleichermaßen als Lehrer und Schüler und verliebten sich ineinander.

Wachender Fuchs

Deine innere Kraft ist unendlich, setze sie weise ein!

Botschaft: Der Fuchs berührt dich tief in deinem Sein und schenkt dir sicheres Geleit. Er möchte dein Beschützer und Hüter deines inneren Funkens sein. Dieser Funke kann niemals erlöschen, jedoch ist es jetzt an der Zeit, ihn noch heller strahlen und leuchten zu lassen. Er nährt all deine Kräfte auf allen Ebenen. Mit ihm kannst du clever und weise alle Entscheidungen treffen, ohne dich zu verstricken. Der Fuchs erinnert dich daran, dass du sanft, offen und zart sein kannst, dabei aber nicht vergessen solltest, dass du dich abgrenzen und zu deinem Standpunkt stehen darfst. Es liegt in deiner Verantwortung, für dich selbst zu sorgen. Du hast die Kraft, dein Leben zu lenken. Rufe den Fuchs an deine Seite, wenn du das Gefühl hast, dass du Unterstützung benötigst, um deinen eigenen Platz zu wahren. Er schenkt dir Geleit auf unwegsamen Pfaden. Er wird dich an deine zarte und sanfte Seite erinnern, wenn du grundlos wütend wirst oder deinen Geduldsfaden ohne Grund überspannst. Der Fuchs fordert dich auf, genau hinzusehen, wer dich umgibt und was diese Person oder Situation dir schenkt oder nimmt. Lasse den Fuchs deinen Wegweiser sein, denn er kennt den Weg wie kein anderer. Er hilft dir dabei, verflochtene Pfade zu entwirren, damit du deine Kräfte klug und bestimmend einsetzen kannst, auch wenn das heißt, einen neuen und ganz anderen Weg einzuschlagen.

Info: Der Fuchs ist einer der Überlebens- und Anpassungskünstler der Tierwelt und bis heute weltweit verbreitet. Er wird immer wieder mit einer Vielzahl keltischer Göttinnen in Verbindung gebracht, und er ist ein Gestaltenwandler. So kann er sich beispielsweise in eine schöne junge Frau verwandeln. Aber auch die Göttinnen verwandeln sich in die Gestalt eines Fuchses, um den Menschen Nachrichten zu bringen und der Natur Fruchtbarkeit zu schenken. Man geht davon aus, dass die keltischen Druiden den Fuchs als heiliges Tier verehrten, ihn für seine Fähigkeiten, seine Klugheit und Gerissenheit bewunderten und ihn befragten. Er galt als Omen und Wegweiser für die kommenden Schritte, und sein Fell sowie seine Zähne wurden als Amulett getragen, um dem Tiergeist und den Göttern nahe zu sein.

Weise Eule

Du kennst die Antwort!

Botschaft: Die Eule teilt mit dir das Wissen Avalons, das schon lange in dir schlummert. Sie ist verbunden mit den Mysterien und möchte dein Wegweiser sein, denn auch in unruhigen und dunklen Zeiten behält sie den Überblick. Sie schenkt dir ihren Rundumblick, ihr Wissen und die Verbindung zu Avalon, nichts entgeht ihrer Sicht. In der Verbindung mit ihr nimmst du strahlende und leuchtende Impulse in dir wahr. Lausche ihrem Ruf. Du bist durch Raum und Zeit mit ihr verbunden, sie aktiviert in dir ein Gefühl von Vertrauen und Gewissheit. Die Eule lüftet die Schleier und hilft dir, zu erkennen, wer es gut mit dir meint und wer dich täuschen möchte. Welche Frage hat dich zur Eule geführt? Warum hast du genau diese Frage in dir formuliert? Welche Erwartung liegt dahinter? Die Eule fordert dich auf, in dich hineinzuspüren und zu erforschen, was dir dein Gefühl jetzt, in diesem Augenblick, sagt. Sei in deinen Entscheidungen wertfrei und souverän. Die Eule ist verbunden mit dem Wissen der Zeit, jedoch möchte sie dir mitteilen, dass es nicht immer wichtig ist, alles mit dem Verstand zu entscheiden. Du darfst die Antwort in dir spüren. Vertraue darauf, dass du ein tiefes Wissen in dir hast, das nun nicht mehr erschüttert werden kann.

Info: Die Eule ist eine Begleiterin Avalons, der Priesterinnen und Druiden, aber sie gilt auch als Symbol der altkeltischen Muttergottheit Rigani. Die Göttin und die Eule sind das Bindeglied zwischen Himmel, Erde und den Welten. Die Gabe der Eule, bei Nacht zu sehen und ihren Kopf bis zu 270 Grad drehen zu können, verleiht ihr Magie und die Fähigkeit, in die Vergangenheit sowie Zukunft zu schauen. Die Eule wird allerdings selten in keltischen Legenden erwähnt, und wenn sie auftaucht, dann immer mit einer Warnung oder einer Weissagung. Die Eule wird mit Weiblichkeit assoziiert, aber auch mit dem Licht in der Dunkelheit. Eine der bekanntesten Erzählungen über eine Eule in der keltischen Mythologie ist die, in der Blodeuwedd von einem Zauberer erschaffen wird, um den Sohn der Göttin Arianrhod zu heiraten. Sie lieben sich, solange die Blumen blühen, doch dann entscheidet sich Blodeuwedd, einen neuen Gefährten zu wählen. Gemeinsam mit diesem will sie ihren Ehemann töten, jedoch missglückt dies, und sie wird als Strafe in eine Eule verwandelt, die so das Gesicht ihres Geliebten nur noch bei Nacht sehen kann.

Wissender Rabe

Du bist an der Reihe!

Botschaft: Der Rabe kommt in dein Leben geflogen, um dich zu fragen, wann du das letzte Mal etwas für dich getan hast. Hast du ein tägliches Ritual, bei dem du nur dich ehrst? Es ist an der Zeit, dass du dich um dich kümmerst und deine Bedürfnisse wahrnimmst. Nimm dir Zeit für dich, und stricke deinen Zeitplan nicht um die Pläne anderer. Es ist die Zeit gekommen, dich zu pflegen, zu ehren oder deine innere Priesterin oder deinen inneren Priester zu erwecken. Der Rabe möchte dich auf die Kraft von Ritualen, Zeremonien und Gebeten aufmerksam machen, denn diese unterstützen dich dabei, deine Energie zu bündeln, für dich da zu sein und ganz mühelos eine starke Verbindung zu Avalon, aber auch zu allen anderen Lichtwelten und Lichtwesen herzustellen. Ehre dich selbst und deinen inneren leuchtenden Funken, und die Verbindung zu dir selbst, zum Göttlichen und zu allen Reichen steht dir offen. Diese kraftvolle und natürliche Verbindung trägst du bereits in dir, dein spirituelles Potenzial möchte sich nun wieder entfalten. Lade dich auf, und komme deiner spirituellen Anbindung noch näher. Versuche es mal mit einem täglichen Ritual, bei dem du dich mit den Elementen verbindest, indem du diese anrufst, oder meditiere an deinem Altar**, oder mache einen ausgiebigen Spaziergang. Heute bist nur du dran! Der Rabe achtet dabei auf dich, hält dir den Rücken frei und unterstützt dich mit seiner Kraft.

Info: Der Rabe (oder die Krähe) ist bis heute in vielen Geschichten und Mythen vertreten. Er ist ein Bindeglied zwischen der Anderswelt, Avalon und dem Hier und Jetzt. Durch seine Verbindung in die Lichtwelt erfährt er vieles im Voraus und teilt seine Nachrichten mit den Wissenden. Zudem ist er der Nachrichtenbringer Avalons und steht für Fruchtbarkeit, ein langes Leben, Schutz, das Gleichgewicht der Kräfte, übersinnliche Fähigkeiten, für Prophezeiungen, Wegweisung und für Leben und Tod, da diese untrennbar miteinander verknüpft sind. Er ist aber auch ein Symbol für eine bevorstehende Einweihung. Im Atlantikraum gibt es eine Legende, die besagt, dass sich König Artus nach seinem Tod in einen Raben verwandelt hat. Aus diesem Grund soll das Töten von Raben in Cornwall im Mittelalter verboten gewesen sein. Das macht den Raben zu einem heiligen Tier. Er ist Begleiter zahlreicher Götter, Göttinnen und Zauberer bzw. sie verwandeln sich in ihn. Zudem ist er ein Sinnbild für die Göttin Bodb.

** In meinem Buch »Priesterin Avalons« findest du hierzu eine Anleitung und viele andere Rituale nur für dich.

Danksagung …

… von Anne-Mareike Schultz

Im Nachhinein fallen mir immer die besseren Worte ein, jedoch versuche ich hier, euch allen mit ein paar Worten Danke zu sagen, denn das Thema »Avalon« hat in mir schon als Kind Träume, Visionen, Bilder, Melodien und das Gefühl der Verbundenheit geweckt.

Ich möchte meinen Eltern Anne-Karine und Hans-Albert dafür danken, dass sie mich und meine Schwestern immer mit auf Reisen genommen haben und ich schon als kleines Mädchen all die verschiedenen Orte besuchen durfte, die so sagenhaften sind und doch real. Ihr habt mir ein Verständnis für die Welt, für Raum und Zeit, aber auch die verschiedensten Götterwelten geschenkt. Zudem habt ihr mir von den Mythen und Legenden vieler Länder und Kulturen erzählt und so in mir bereits in frühster Kindheit die »Mythen-Enthusiastin« geweckt. Ich wandelte in Avalon schon lange, bevor ich von diesem Ort wusste. Ein Geschenk, das ich damals nicht greifen konnte und das doch meine Träume hat wachsen lassen. Danke, dass ihr mir den Weg nach Avalon immer offengehalten habt und die Erinnerung an die Verbindung nie erlöschen ließet. Ein besonderes

Danke geht an meine Mutter, die sich immer alle Ideen, Träume und Gedankenspiele zu Avalon angehört und mich damit so magisch unterstützt hat. Ich danke auch meiner Zwillingsschwester Wibke-Martina, die mich immer unterstützt, Verständnis für mich hat, mich zum Lachen bringt und mir darüber hinaus die Zeit und den Raum schenkt, diesen Traum zu verwirklichen. Ich habe euch lieb. Danke an meine Schwester Inken-Christine, die mich durch ihr Sein immer daran erinnert, wie wichtig es ist, seine Träume zu leben.

Meinen zwei liebsten Freunden Caro und Tim möchte ich für alles und ihr Sein danken, und eurem schnuckeligen Sohn Henri möchte ich dafür danken, dass er mich zur neuen Geschichtenerzählerin macht.

Ein Dankeschön geht an meine »Hohe-Zauberin« Petra Arndt, denn mit ihrer Hilfe ist ein Traum in die Wirklichkeit getreten. 2006 hatte ich die Vision, dass ich mit dir, liebe Petra, ein Deck gestalten dürfte, und heute halten wir dieses in unseren Händen. Avalon macht Träume wahr! Du malst einfach magisch schöne Bilder und zauberst Avalon in die Wirklichkeit, jedes Bild erzählt eine zauberhafte Geschichte. Ich danke dir aus tiefstem Herzen, dass du mit mir diesen Weg gehst. Ich möchte uns beiden dafür danken, dass wir an diesem Werk so toll, mühelos und verständnisvoll zusammenarbeiten durften und dabei nie die Freude verloren haben.

Ich danke unseren Verlegern, der lieben Heidi und dem lieben Markus Schirner, denn ohne euch hätten sich Petras und mein Weg nie gekreuzt. Danke, dass ihr uns beiden die Möglichkeit gegeben habt, diese Seite Avalons zu zeigen und auf diese Weise euer Vertrauen schenkt.

Ein großes Dankeschön geht an meine liebe Lektorin Kerstin Noack, denn ohne dich würde es nicht so viel Spaß machen. Die Zusammenarbeit mit dir ist mühelos und wirklich zauberhaft. Danke, dass du immer ein offenes Ohr für mich hast und mit so viel Zuversicht bei der Sache bist!

Mögen die Liebe und das Licht uns allzeit führen und uns magische Momente schenken.

Eure Anne-Mareike Schultz

Über die Autorin

Anne-Mareike Schultz beschäftigte sich bereits im Kindesalter mit Lichtwesen, Mythen und Legenden. Seit früher Kindheit bereiste sie die Welt und lebte zudem einige Zeit in den USA und Australien. Diese vielen, ganz besonderen Erlebnisse prägten sie tief. Durch ihre Vorfahren kam sie schon ganz früh mit schamanischem Wissen und den unsichtbaren Welten und deren Kraft in Berührung. Nach Beendigung ihres Studiums und individuellen Erfahrungen entdeckte sie gemeinsam mit ihrer Zwillingsschwester die Naturheilkunde für sich. Beide absolvierten Ausbildungen zur Heilpraktikerin und eröffneten eine Gemeinschaftspraxis in Schleswig-Holstein. Anne-Mareike Schultz gibt zudem Seminare, Workshops, Meditationen, Einzelsitzungen, Webinare, Onlinekurse und Seminarreisen. Zu den Inhalten ihrer Avalon-Werke wird es eine Workshop-Reihe geben.

Weitere Informationen zur Autorin finden Sie auf ihrer Webseite sowie auf Facebook und Instagram:
www.naturheilpraxis-schultz.de
Facebook: annemareikeschultz
Instagram: _annemareike_
#avalontribe
Kostenloses Bonusmaterial: www.avalontribe.me

Über die Künstlerin

Petra Arndt empfängt und malt seit ihrer Kindheit Lichtbilder. Sie arbeitet freiberuflich als Malerin, Designerin und Illustratorin, macht intensive Kunsttherapie mit Kranken, gibt Malworkshops und ist Dozentin am Sasel-Haus in Hamburg, einem Zentrum für Kultur und Bildung. Für die Zeitschrift »Bild der Frau« malt sie wöchentlich den »Kleinen Engel«.

Weitere Informationen zur Künstlerin finden Sie unter www.petra-arndt.de

Eine außergewöhnliche Reise in die Priesterschaft

Buch: Anne-Mareike Schultz
Priesterin Avalons
Erwecke die Kraft der Großen Göttin in dir
144 Seiten
ISBN 978-3-8434-1265-0

CD: Anne-Mareike Schultz
Priesterin Avalons
Lichtreise zur inneren Priesterin
und zum Fest Beltane
ca. 30 Min.
ISBN 978-3-8434-8357-5

Anne-Mareike Schultz & Dennis Möck-Ludw
Mondpriesterschaft
Rituale, Zeremonien und Einweihungen fü
ein Leben im Mond-Jahreslauf
136 Seiten
ISBN 978-3-8434-1315-2

Lassen Sie sich ins Reich der keltischen Pflanzen entführen

Buch: Petra Arndt
Zauberhafte Devas
Entdecke die Seele der Pflanzen
Ein keltischer Wegweiser
112 Seiten
ISBN 978-3-8434-5158-1

Schirner Verlag